Bernhard Wolff

# Titel bitte selbst ausdenken

*Für unsere kleine Ylvie*

*(Ich wünschte, ich wäre so neugierig und kreativ wie sie.)*

Bernhard Wolff

# Titel*

## *bitte selbst ausdenken

157,5 erfolgreiche
Ideenbeschleuniger

Bibliografische Information der Deutschen Nationalbibliothek

Die Deutsche Nationalbibliothek verzeichnet diese Publikation
in der Deutschen Nationalbibliografie; detaillierte bibliografische
Daten sind im Internet über http://dnb.d-nb.de abrufbar.

ISBN 978-3-86936-697-5

Lektorat: Sabine Rock, Frankfurt am Main | www.druckreif-rock.de
Umschlaggestaltung: Stephanie Böhme | www.stephanieboehme.de
Autorenfoto Umschlag: Lutz Jäkel, Berlin (während eines Vortrags
in der AXICA Berlin)
Illustrationen: 99designs; Christoph J Kellner / studio animanova;
Christian Puille
Satz und Layout: Lohse Design, Heppenheim | www.lohse-design.de
Druck und Bindung: Salzland Druck, Staßfurt

www.gabal-verlag.de
www.twitter.com/gabalbuecher
www.facebook.com/gabalbuecher

# Inhalt

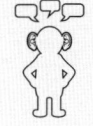

## 157,5 Ideenbeschleuniger 23

# Vorwort für Selbstausdenker

Liebe Leserinnen und Leser,

werden Sie Selbstausdenker! Nachmacher gibt es schon genug. Mit insgesamt 157,5 Tipps und Tatsachen, Erkenntnissen und Erfahrungen möchte ich Sie inspirieren, ab sofort ideenreicher und kreativer durchs Leben zu gehen:

Raus aus dem Trott, rein ins Abenteuer. Gewohnheiten durchbrechen und Chancen ergreifen. Neues und Nützliches erschaffen. Menschen überraschen und begeistern. Auf eigene Projekte abfahren und Erfolge einfahren. Das Leben bunter und lebenswerter machen. Sie haben jede Menge kreatives Potenzial. Entwickeln und nutzen Sie dieses Potenzial, starten Sie mit dem Selbstausdenken noch heute. Dieses Buch wird Sie dabei unterstützen.

Wie schön ist es doch, ein selbst ausgedachtes Geschenk zu überreichen. Wie motivierend ist es, ein selbst entwickeltes Produkt zu vermarkten. Wie cool ist es, einen Grundriss selbst zu gestalten und später sogar zu bewohnen. Wie lustig ist es, mal nicht nach Rezept zu kochen, sondern etwas aus den letzten Resten zu zaubern. Wie beflügelnd ist es, wie ein Kind durch die Pfützen zu hüpfen. Wie hilfreich ist es, sich weltweit mit anderen Menschen zu vernetzen. Und wie befriedigend ist es, die eigene Kreativität am Arbeitsplatz einzusetzen. Das alles sind Facetten unserer Kreativität – wenn wir sie leben. Im besten Fall durchdringt das Kreativsein alle Lebensbereiche und macht uns glücklicher und zufriedener. Wer eigene Ideen umsetzt, und dazu gehören auch die ganz kleinen Ideen im Alltag, der schafft Einzigartiges und findet dabei nicht selten: sich selbst.

Es ist ein weitverbreitetes Missverständnis, dass Kreativität bestimmten Berufsgruppen oder besonderen Talenten vorbehalten ist. Nicht nur Werbetexter, Musiker, Regisseure, Designer, Wissenschaftler und Kabarettisten sind kreativ. Lassen Sie uns den Spieß umdrehen. Fragen wir uns lieber: Was können wir von Menschen in kreativen Berufen und von den sogenannten kreativen Genies lernen? Welches Verhalten, welche Denke, welche Arbeitsweise und welche Umgangsform bringt Neues hervor? Sie werden auf den nächsten Seiten viele Antworten und Anregungen dazu finden.

Was hat mich motiviert, dieses Buch zu schreiben? Seit meiner Kindheit faszinieren mich die besonderen Fähigkeiten unseres Gehirns. Als kleiner Knirps habe ich angefangen, beim Denken die Richtung zu wechseln und rückwärts zu sprechen. Einfach so, aus Spaß. Als Jugendlicher kam der Zauberkasten dazu. Tricks erfinden und Menschen verblüffen, das war für mich wie das Fußballspielen für die meisten anderen Jungs – eine Leidenschaft. Dann kam die Ausbildung zum Werbekaufmann. Mit Anfang 20 hatte ich das Glück, als Texter die Arbeitsweise der damals erfolgreichsten Kreativagentur Deutschlands, Springer & Jacoby, zu erleben. Trotzdem wollte ich noch studieren – verbrachte dann aber viel mehr Zeit auf der Bühne, im Varieté und in Comedy Clubs als im Hörsaal. Die Art und Weise, wie sich Komiker, Kabarettisten und Moderatoren ihre Nummern „erspielen", prägt meine Arbeit bis heute. Als Gründer und Kreativdirektor meiner eigenen Agentur habe ich Konzepte für Tagungen und Events entwickelt. Und jetzt, mit Ende 40, konzentriere ich mich wieder auf das, was ich am liebsten tue: auf der Bühne stehen und Menschen begeistern.

Das ist kein ganz üblicher Lebenslauf, ein geradliniger schon gar nicht. Diesem Lebenslauf verdanke ich allerdings zahlreiche Begegnungen mit besonders kreativen Menschen. Ich habe viele Methoden und Erfolgsrezepte für Kreativität in Anwendung erlebt, selbst ausprobiert, kritisch hinterfragt – und schließlich hier für Sie zusammengetragen. Ich wünsche Ihnen viel Spaß und Erfolg mit allem, was Sie sich ab sofort selbst ausdenken. Und ich bin ganz sicher: Sie werden viele gute Ideen haben.


Herzlichst

Ihr Bernhard Wolff

www.bernhard-wolff.de

# „Schon einen Titel ausgedacht?"

„Titel bitte selbst ausdenken": Das ist die erste Bewährungsprobe für Ihre Kreativität! Ist Ihnen schon etwas eingefallen? Welchen Titel würden Sie dem Buch geben? Blättern Sie herum, schmökern Sie, und eröffnen Sie dann die Ideenliste. Was zeichnet einen guten Buchtitel aus? Er sollte überraschen und neugierig machen. Er sollte die konkrete Zielgruppe ansprechen. Er sollte dafür sorgen, dass das Auge hängen bleibt – und dass man das Buch gern in die Hand nimmt. Und natürlich sollte er das Thema des Buchs anreißen. Das Briefing für Ihre Aufgabe lautet also konkreter:

„Denken Sie sich einen Titel aus für ein Buch, das Menschen in Alltag und Beruf kreativer macht. Das Buch ist eine motivierende Wundertüte voller Tipps, Anregungen und Erfahrungen. Es deckt das Thema Kreativität in seiner gesamten Bandbreite ab. Das Buch macht Spaß und hilft dabei, eigene Ziele mit eigenen Ideen zu erreichen. Denn das macht zufrieden und selbstbewusst."

Los geht's. Nutzen Sie zunächst die Ideenliste, und notieren Sie darauf Ihre Einfälle. Versuchen Sie, in sehr unterschiedliche Richtungen zu denken. Was assoziieren Menschen mit dem Thema Kreativität? Gibt es Metaphern, Redewendungen oder Wortspiele dazu? Wie lässt sich der Nutzen in knappe Worte fassen? Wer sind die kreativen Vorbilder und welche Zitate kennen wir? Welche anderen Buchtitel der letzten Jahre haben Sie begeistert?

Brainstormen Sie auch gemeinsam mit Familie und Freunden. Notieren Sie viele Ideen, suchen Sie extreme Ideen. Bis die Liste voll ist. Dann wählen Sie vier Favoriten und notieren diese auf der Favoritenseite. Zu den Favoriten holen Sie sich nochmals Feedback ein. Erst ganz am Schluss entscheiden Sie sich für den Gewinner. Und diesen Titel schreiben Sie auf die leere Titelseite. Dick und fett und gut leserlich. Herzlichen Glückwunsch zu Ihrem ersten Buch mit selbst ausgedachtem Titel!

Und wenn Sie mögen: Schicken Sie mir ein Foto von dieser Seite mit Ihrem selbst ausgedachten Titel an wolff@think-theatre.de. Gern als Selfie mit dem Buch vor der Nase. Als kleines Dankeschön sende ich Ihnen meine persönliche Ideenliste retour. Denn der Titel „Titel bitte selbst ausdenken" war nicht meine erste Idee, sondern Idee Nummer 53. So ist das mit Ideen: Um eine gute Idee zu finden, muss man viele Ideen finden. Viel Spaß!

# Meine Ideenliste für den Buchtitel

Auf dieser Seite notieren Sie Ihre Ideen. Und schreiben Sie die Liste ganz voll, bevor Sie Favoriten auswählen.

# Meine Favoriten für den Buchtitel

Auf dieser Seite notieren Sie vier Favoriten aus Ihrer Ideenliste. Holen Sie sich dazu Feedback ein. Treffen Sie dann eine Entscheidung und notieren Sie Ihren selbst ausgedachten Titel auf der Blanko-Titelseite rechts.

157,5 erfolgreiche
**Ideenbeschleuniger**

von Bernhard Wolff

# Die Buch-
# Bedienungsanleitung

Lesen Sie dieses Buch auf keinen Fall durch! Jedenfalls nicht von vorne nach hinten. Folgen Sie dem Zufall. Auf Ideensuche ist der Zufall einer unserer besten Freunde. Schlagen Sie zufällig irgendeine Seite mit irgendeinem Ideenbeschleuniger auf. Jede Seite steht für sich. Jede Seite ist ein kleiner Happen der großen kreativen Sahnetorte. Sie dürfen mit der Gabel überall naschen, mal hier und mal da. Und falls Ihnen eine Seite gar nicht schmeckt, dann blättern Sie einfach weiter.

Dieses Buch ist kein Buch zum Durcharbeiten. Es ist ein Buch zum Durchblättern und Hängenbleiben. Ein Buch, das Sie begleiten und Ihnen Spaß machen soll. Ein Buch für Orte, an denen Sie sich blätternd inspirieren lassen möchten. Welche Orte fallen Ihnen ein? Nichts gegen das Klo! In Umfragen dazu, wo genau Menschen die besten Ideen haben, liegt der Nassbereich ganz weit vorn. Mehr dazu auf Seite 30.

Jede Seite enthält einen konkreten Vorschlag oder eine konkrete Anregung, wie Sie kreativer durchs Leben gehen können. Sie finden auf jeder Seite ein sogenanntes „Erfolgsrezept". Weil ich persönlich dieses Wort jedoch nicht besonders mag, habe ich mir erlaubt, ein bisschen Wortspielerei zu betreiben, rund um die Wortschöpfungen der Erfolgsliteratur. Das werden Sie an den Überschriften merken.

Was hält die Seiten in diesem Buch zusammen, außer der Bindung? Das Buch bildet Kreativität und alle ihre Einflussfaktoren ganzheitlich ab. Nachdem Sie sich mit allen Seiten beschäftigt haben, sind Sie mit allen Wassern gewaschen. Sie werden ein umfassendes Verständnis dafür gewonnen haben, was kreative Menschen von Normalos unterscheidet. Und Sie werden nicht mehr zu den Normalos gehören. Das ist versprochen.

Ich habe das komplexe Thema Kreativität in acht Themenfelder aufgeteilt. Diese Aufteilung entspricht meinen persönlichen Erfahrungen und Erkenntnissen. Jede Seite ist einem dieser Themenfelder zugeordnet. Ein kleines Piktogramm verrät Ihnen, zu welchem Thema die Seite gehört. Falls für Sie ein Themenfeld relevanter ist als ein anderes, helfen Ihnen die Piktogramme, sich besser zu orientieren.

**Die acht Themenfelder**

- Autopilot ausschalten
- Eigene Ziele setzen
- Kreatives Denken
- Kreatives Verhalten
- Kreative Kommunikation
- Orte und Einflüsse
- Ideenreich im Job
- Ideenreich in Beziehungen

Ich möchte Ihnen die einzelnen Themenfelder nun kurz vorstellen und erläutern, was sie für unser privates und berufliches Leben bedeuten.

# Autopilot ausschalten

**Auf allen Seiten mit dem Piktogramm „Autopilot ausschalten" geht es darum, Muster zu erkennen, Gewohnheiten zu durchbrechen, Strategien aus der Vergangenheit loszulassen – und den Blick in die Zukunft zu richten.**

Kennen Sie Ihren Autopiloten? Auch gern „Gewohnheitstier" oder „Schweinehund" genannt. Unser Autopilot sorgt dafür, dass wir alles genau so tun und denken, wie wir es schon immer getan und gedacht haben. Wir haben Denkmuster im Kopf. Und wir leben nach bestimmten Verhaltensmustern. Irgendwann früher in unserem Leben waren diese Muster sinnvoll und haben zum Ziel geführt. Genau deshalb haben wir sie automatisiert. Das Blöde ist nur: Der Automatismus bleibt bestehen, auch wenn das Ziel sich ändert. Wer sich jemals zu Silvester vorgenommen hat, zehn Kilo abzunehmen, der weiß, wovon ich spreche. Es ist verblüffend, wie automatisch unsere Hand in die Chipstüte greift, wie automatisch wir eine gewohnte Strecke mit dem Auto fahren und wie automatisch wir im Supermarkt bestimmte Produkte in den Einkaufswagen legen.

Gewohnheiten sind aber nicht grundsätzlich schlecht. Sie sind sogar lebensnotwendig: Ohne sie könnten wir den Alltag nicht meistern. Vermutlich sind mehr als zwei Drittel aller Dinge, die Sie tun, und aller

Gedanken, die Sie denken, auf Gewohnheiten zurückzuführen. Entscheidend ist, ob Sie sich Ihrer Gewohnheiten bewusst sind – und vor allem, ob Sie in der Lage sind, Ihre Gewohnheiten zu verändern und neuen Zielen anzupassen. Denkgewohnheiten sind der natürliche Feind der guten Idee. Deshalb gilt ganz am Anfang des kreativen Prozesses: Autopilot ausschalten, Gehirn einschalten!

Auch Organisationen haben Gewohnheiten: zum Beispiel automatisierte Prozesse, etablierte Positionierungen oder eingespielte Marktzugänge. Innovatoren, die sich an diese Gewohnheiten nicht länger halten, werden „Musterbrecher" genannt. Ein Musterbrecher ignoriert die Spielregeln und Gesetzmäßigkeiten seiner Branche oder seines Marktes ganz bewusst. Sofern das im Ergebnis zu einem höheren Nutzen für die Kunden führt, ist der Musterbruch erfolgreich – und man spricht von einer disruptiven Innovation.

# Eigene Ziele setzen

**Auf allen Seiten mit dem Piktogramm „Eigene Ziele setzen" geht es um das Aufspüren und Festlegen eigener Ziele und insbesondere um die zielführende Wirkung mentaler Bilder.**

Wozu sollte jemand kreativ sein, der keine Ziele hat? Ohne Ziele keine Motivation. Und ohne Motivation keine Ideen. Wer kreativ durchs Leben geht, möchte die eigenen Ziele kennen, sie verfolgen und letztendlich erreichen. Ideen sind dabei Erfüllungsgehilfen. Ideen sind die Antwort auf die Frage: „Wie komme ich hin, zu meinem Ziel?" Erst wenn Sie ein Zielbild im Kopf haben, eine lebendige Vorstellung davon, wie Sie sich die Zukunft wünschen, was Sie erreichen möchten und wie Ihre Erfindung aussehen soll, erst dann geben sich die grauen Zellen die Ehre – und fangen an, ein bisschen farbiger zu denken.

Je persönlicher, individueller und einzigartiger Ihre Ziele sind, umso weniger gibt es dafür vorgefertigte Lösungswege und umso intensiver kann die Ideensuche ausfallen – manchmal bis hin zur schieren Verzweiflung. Aber ich möchte Ihnen Mut machen: Nehmen Sie Schwierigkeiten, Widerstände und Zweifel als gute Zeichen! Als Zeichen dafür, dass Sie nicht die Ziele der Normalos verfolgen und sich nicht mit 08/15-Lösungen zufriedengeben. Als Zeichen dafür, dass Sie ganz eigene und eigenwillige Ziele verfolgen. Dass Sie sich selbst treu bleiben. Dass Sie ein Kreativer sind. Willkommen im Club.

Einzigartigkeit ist ein Merkmal kreativer Menschen und ihrer Leistungen. Einzigartigkeit ist aber auch ein Merkmal innovativer Unternehmen und Marken. Was einzigartig ist, darüber entscheidet am Ende der Kunde. Deshalb beginnen auch Innovationsprozesse immer mit der Zielsetzung, dem Kunden einen neuen und einzigartigen Nutzen zu verschaffen. Die entsprechenden Zielbilder nennen sich bei Unternehmen dann: Visionen.

# Kreatives Denken

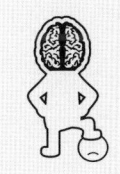

**Auf allen Seiten mit dem Piktogramm „Kreatives Denken" geht es um wirksame kognitive Strategien und Heuristiken. Und es geht darum, die Denkhaltung – das sogenannte Mindset – eines kreativen Menschen zu entwickeln.**

Beim Denken die Richtung wechseln: Das passiert nicht von allein. So wenig wie eine Kugel, die über eine gerade Fläche rollt, plötzlich abbiegt, so wenig schlagen Ihre Gedanken ohne innere oder äußere Auslöser eine neue Richtung ein. Um solche Auslöser geht es. Es geht darum, Ihr Denken mit Absicht aus der Spur zu bringen. Das kann bedeuten, dass Ihnen plötzlich Annahmen klar werden, die es zu hinterfragen lohnt, dass Sie nützliche Zusammenhänge erkennen, die Ihnen vorher verborgen waren – oder dass Ihnen Visualisierungen als mentale Prototypen für Ihre Ideen dienen.

Je mehr Sie sich kreative Denkweisen zur Gewohnheit machen, umso schneller und effizienter werden Sie Ideen finden. Am Ende ist es eine Frage der Haltung: Genau wie eine gute Körperhaltung Sie vor Rückenschmerzen bewahrt, genauso bewahrt Sie eine kreative Denkhaltung vor Langeweile. Diese Denkhaltung ist das Mindset der Kreativen. Nutzen Sie den Alltag, um dieses Mindset zu trainieren, und warten Sie nicht auf das nächste offizielle Brainstorming. Eine Denkspielerei im Alltag hat auch in meinem Leben eine entscheidende Weiche gestellt. Als kleiner Junge habe ich das Schild meines Heimatortes „Stockelsdorf" rückwärts gelesen, heraus kam „Frodslekcots". Da wusste ich: Beim Denken die Richtung zu wechseln wird mich mein Leben lang faszinieren.

Können auch Unternehmen kreativ denken? Im übertragenen Sinne: ja! Unternehmen ticken kreativ, wenn das Wissen der Organisation nicht nur gespeichert und verwaltet wird, sondern wenn es viele Schnittstellen und Prozesse gibt, mit deren Hilfe Wissen neu verknüpft und nutzbar gemacht werden kann. Die gefragtesten Experten sind nicht mehr diejenigen, die am meisten wissen, sondern diejenigen, die am meisten daraus machen.

# Kreatives Verhalten

**Auf allen Seiten mit dem Piktogramm „Kreatives Verhalten" geht es um Tools und Methoden, um Vorgehensweisen und Arbeitstechniken. Es geht darum, den kreativen Prozess gut zu organisieren und Chaos zu vermeiden.**

Für Ideen muss man etwas tun. Denken allein genügt nicht. Der Weg von einem Problem zur Lösung, das Aufspüren einer Idee, die Entwicklung einer Innovation: Alle diese Prozesse erfordern bestimmte Verhaltensweisen. Es macht einen Unterschied, ob Sie Ihre Ideen ordentlich dokumentieren oder nicht. Es macht einen Unterschied, ob Sie einen Tag pro Woche für kreative Projekte reservieren oder nicht. Es macht einen Unterschied, ob Sie sich selbst eine Deadline setzen oder nicht. Und es macht einen riesengroßen Unterschied – den ultimativen größten Unterschied überhaupt –, ob Sie sich bewusst für die Umsetzung einer Idee entscheiden und dann auch wirklich loslegen.

Kreativität wird in aller Regel als Fähigkeit definiert. Aber Kreativität ist Arbeit – eine Definition, die ich persönlich bevorzuge. Gute Arbeitstechniken sind ebenso erforderlich wie gute Methoden und Hilfsmittel. Und wie für jede Art von Arbeit müssen Sie, um kreativ zu sein, Zeit investieren, vielleicht auch Geld, und mit Sicherheit Anstrengung. Sie müssen Ressourcen einsetzen, sonst erhalten Sie keinen Output. Wer sich darauf verlässt, dass ihm schon irgendwie irgendwann irgendwas einfällt, der sollte sich bei Gelegenheit die Arbeits- und Verhaltensweisen der kreativen Profis anschauen. Daraus lässt sich viel lernen. Verhalten Sie sich wie ein Kreativer, und Sie werden kreativer!

Innovationsfähigkeit haben sich viele Unternehmen auf die Fahnen geschrieben. Diese Fähigkeit hängt vom Verhalten der Mitarbeiter ab. Gefragt sind: Kooperation, aktive Vernetzung, Eigenverantwortung und Kundenorientierung. Wissen und Erfahrungen sollten geteilt, statt gebunkert werden, über alle Hierarchie-, Abteilungs- und Funktionsgrenzen hinweg.

# Kreative Kommunikation

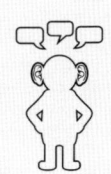

**Auf allen Seiten mit dem Piktogramm „Kreative Kommunikation" geht es darum, so miteinander zu reden, dass dabei neue Ideen entstehen – und dass neue Ideen Gespräche auch wirklich überleben. Es geht um Kommunikation, die Kreativität fördert, statt sie zu blockieren.**

Gemeinsam laut denken, erste Ideen aussprechen, dem anderen wirklich zuhören, eigene Assoziationen zurückspielen, plötzlich Verbindungen auftauchen sehen, das Aha-Erlebnis herbeireden – das zeichnet kreative Kommunikation aus. Im Alltag sieht es oft anders aus: Die meisten Sprachmuster torpedieren den kreativen Prozess geradezu. Wir bewerten und verurteilen. Wir blockieren und unterbrechen. Wir tragen Wortgefechte aus und nutzen Killerphrasen. Die Bedrohung für Ideen ist groß – so groß, dass sich eine unfertige Idee oft nicht über unsere Lippen traut. Und das ist schade.

Kommunikation kann zur Kreativität einladen und ermutigen, sie kann Spaß machen und beflügeln, sie kann Gedanken zusammenführen, die von ihrer jeweiligen Existenz noch gar nichts wussten. So entsteht Neues. Es ist ein Mythos, dass geniale Ideen im stillen Kämmerlein entstehen. Geniale Ideen entstehen, wenn sich Menschen austauschen und offen miteinander reden. Vertrauen spielt dabei eine entscheidende Rolle. Mit jedem Gedanken vertrauen wir dem anderen ein Stück von uns selbst an. Kreative Kommunikation braucht deshalb geschützte Räume und ein paar Spielregeln.

In Unternehmen ist die Kommunikation häufig durch Status und Hierarchien geprägt. Der Chef hat die beste Idee, das gilt als Regel. Das Aussprechen einer eigenen Idee ist riskanter, als einfach den Mund zu halten. Aber die Zeiten ändern sich. Langsam setzt sich ein neuer Kommunikationsstil durch, der auf Innovation abzielt. Vernetzung und Vertrauen gewinnen zunehmend an Bedeutung.

# Orte und Einflüsse

**Auf allen Seiten mit dem Piktogramm „Orte und Einflüsse"
geht es darum, für Tapetenwechsel zu sorgen, inspirierende
Umgebungen zu finden und neue Arbeitswelten zu entdecken
– also letztlich darum, die besten Voraussetzungen fürs Kreativsein zu schaffen.**

Wie kreativ sind Sie beim Schwimmen? Welche Wandfarbe bringt Sie auf
Ideen? Und bei welcher Temperatur gelingt das am besten? Hilft es, an die
Decke zu schauen, oder doch besser aus dem Fenster in die Weite? Stört das
Geklapper von Kaffeetassen oder hilft es? Und macht Berlin kreativer (oder
doch vielleicht Brandenburg)? Halleluja! Der Ort, an dem Sie denken, und
der Zustand, in dem Sie sich befinden, haben massiven Einfluss auf Ihren
Einfallsreichtum.

Ich habe Menschen getroffen, die hielten sich für total unkreativ. Und sie
waren es auch – aber nur, solange sie in ihrem Großraumbüro zwischen
Topfpflanze und kopiertem Witz ihren Routinejob gemacht haben. Nach
Feierabend und in anderer Umgebung sprudelten die Ideen nur so. Es ist
unsere eigene Entscheidung, diese Umgebungen zu suchen und uns bewusst dort aufzuhalten. Der viel beschworene Perspektivwechsel entsteht
von ganz allein, wenn Sie die Orte wechseln, an denen Sie leben, arbeiten
und denken. Manchmal reicht es schon, sich auf die andere Seite des Ti-
sches zu setzen. Machen Sie sich auf die Reise. Entdecken Sie Orte und Einflüsse, die Sie inspirieren.

Wie das Arbeitsumfeld aussieht, hat einen großen Einfluss auf die Kreativität von Mitarbeitern. Man muss nicht gleich Spielplätze für Erwachsene
bauen, wie Google und Co. es vormachen, aber Austausch und Vernetzung
sollten in jedem Fall gefördert werden. Das schnelle Meeting am Stehcoun-
ter, das gemeinsame Spinnen in der Lounge, das ungestörte Konzipieren am
Einzelarbeitsplatz: Innovative Arbeitsumgebungen nehmen Rücksicht auf
die Anforderungen aller Phasen des kreativen Prozesses.

# Ideenreich im Job

Auf allen Seiten mit dem Piktogramm „Ideenreich im Job"
geht es darum, die eigene Kreativität auch im Beruf zu nutzen, sich im Team und gegenüber Vorgesetzten als kreativ
zu positionieren, eigenen Ideen zum Erfolg zu verhelfen – und
auch mal über Alternativen zum aktuellen Job nachzudenken.

Erschreckend: In Umfragen gibt es nur ganz wenige Menschen, die ihren
Arbeitsplatz als den Ort nennen, an dem sie auf Ideen kommen. Das ist
schade für den Arbeitgeber. Aber besonders schade ist es für die Betroffe-
nen selbst. Tag für Tag bleibt ihre Kreativität unter Verschluss. Wie wir wissen, muss man ja gar nicht in einem „kreativen Beruf" arbeiten, um auch
im Job Ideen zu verwirklichen. Sie können sich auch als Kaufmann, als
Anwältin, als Kundenberater, als Arzthelferin oder als Azubi schöpferisch
betätigen. Ich habe Hoteldirektoren erlebt, die auf dem Dach Bienen züch-
ten, und Servicemitarbeiter, die ihren Kunden die Speisekarte vorsingen.

Wenn ich aus meiner Arbeit für Unternehmen eines gelernt habe, dann das:
Es mangelt nicht an Ideen der Mitarbeiter, es mangelt an einer Kultur, die
diese Ideen wertschätzend berücksichtigt. Und es mangelt an der Kompetenz vieler Führungskräfte, kreative Prozesse zu gestalten und zu begleiten.
Wer von seinen Leuten Einfälle und Vorschläge hören möchte, der muss sie
ermutigen, er muss Feedback geben, Ideen belohnen und sichtbar machen.
Und wer als Mitarbeiter kreativer arbeiten möchte, muss dafür Räume und
Zeiten und Ressourcen einfordern, er muss sich Verbündete suchen und er
muss dem Chef eines klarmachen: Das alles gehört zu meinem unternehme-
rischen Denken und Handeln! Und falls dieses Argument nicht zündet: Man
kann den Job auch wechseln oder sich selbstständig machen. Viele, die das
getan haben, fragen sich rückblickend, warum sie so lange gezögert haben.

Was sind die Erfolgsfaktoren der Zukunft für große Unternehmen? Veränderungsbereitschaft steht laut einer großen, weltweit durchgeführten IBM-
Studie an erster Stelle. Kreativität gilt als wichtige Führungsqualität der
Zukunft. Und die Mitarbeiter? Auch ihre Kreativität ist gefragt, sofern sie
dem Unternehmensziel dient. Und das ist häufiger der Fall, als Unternehmen und Mitarbeiter voneinander vermuten.

# Ideenreich in Beziehungen

**Auf allen Seiten mit dem Piktogramm „Ideenreich in Beziehungen" geht es darum, wie Sie Ihre Partnerschaft nicht zur Gewohnheit werden lassen. Es geht darum, wie Sie sich gegenseitig überraschen – und die Schmetterlinge im Bauch auch weiterhin fröhlich flattern lassen.**

Ob Sie mit Ihrem Partner glücklich werden, hängt von vielen Faktoren ab. Eine Herausforderung allerdings ist besonders groß: in der Beziehung nicht in den Alltagstrott zu verfallen. Besonders wenn die erste Verliebtheit und die erste Begeisterung vorbei sind, steht die Beziehung auf dem Prüfstand. Die beste Strategie, um die Beziehung zu erhalten, ist ganz sicher, verliebt zu bleiben und auch weiterhin begeistert vom Partner zu sein. Das funktioniert jedoch nicht mehr ganz von allein. Und hier kommen kreative Ideen und Überraschungen ins Spiel. Versuchen Sie immer wieder aufs Neue, den Alltag aufzumischen, die Partnerschaft mit schönen Momenten und kleinen Geschenken zu befeuern, Lösungen für Konflikte zu finden, die Perspektive zu wechseln – und wach zu bleiben für Veränderungen.

Ich bin weder Paartherapeut noch Flirttrainer oder Beziehungsberater. Aber ich bin ziemlich sicher, dass Kreativität nicht die schlechteste Voraussetzung dafür ist, eine Beziehung frisch und lebendig zu gestalten. Deshalb hat dieses Thema in diesem Buch ein paar eigene Seiten verdient.

Noch zwei kleine Hinweise: Überall wo ich vom „Partner" spreche, möge bitte jeder selbst die weibliche Version Partnerin oder die männliche Version Partner herauslesen – oder welche Version auch immer. Und wenn eine Idee bei Ihrem Partner gut ankommt, dann sagen Sie: „Schatz, das habe ich mir extra für dich ausgedacht!" Falls eine Idee nicht so gut ankommt, dann sagen Sie: „Schatz, war nicht meine Idee, war eine Idee von Bernhard Wolff. Ruf ihn an, und beschwere dich bei ihm." Ich werde ein offenes Ohr haben.

# Das Konzept für die Illustrationen

Bestimmt ist Ihnen beim Durchblättern aufgefallen, dass die Illustrationen in diesem Buch völlig unterschiedlich aussehen – stilistisch ein totaler Mix. Genau das war die Absicht. Die Illustrationen stammen nicht aus einem Hirn und einer Feder, sondern sind auf dem Wege des Crowdsourcings von Illustratoren aus der ganzen Welt erstellt worden.

Was steckt dahinter? Der digitale Wandel hat auch für kreative Prozesse völlig neue Möglichkeiten eröffnet: An einer Idee können zeitgleich ganze Netzwerke kreativer Köpfe arbeiten. Als Quelle dient nicht mehr das Hirn des Einzelnen, sondern die sogenannte „Crowd". Da es in kreativen Prozessen darauf ankommt, eine möglichst große Menge möglichst unterschiedlicher Alternativen zu produzieren, ist das Crowdsourcing eine hervorragende Methode. Sie finden im Internet viele Crowdsourcing-Plattformen. Eine davon ist www.99designs.de. Auf dieser Plattform können Sie Gestaltungen ausschreiben, die dann von Designern und Illustratoren, die sich dieser Plattform angeschlossen haben, bearbeitet werden. Das Netzwerk umfasst inzwischen über eine Million Gestalter auf der ganzen Welt. Alle 1,5 Sekunden wird über diese Plattform ein Design generiert. Das ist ein unvorstellbar großer Marktplatz für kreative Dienstleistungen.

Solche Plattformen sind nicht unumstritten. Es gibt Aufregung und Widerstände – wie bei jeder Innovation. Natürlich attackiert ein indonesischer Designstudent, der mit seinem Apple irgendwo am Strand sitzt, die Tagessätze der Profigestalter in ihren hippen Offices hierzulande ganz massiv. Meine persönliche Erfahrung ist: Für eine konzeptionell fundierte gestalterische Dienstleistung brauchen Sie einen erfahrenen, qualitätsbewussten Partner, der Markt und Kultur genau kennt und den Sie fürs Briefing treffen und auch hinterher anrufen können. Aber um schnell eine Auswahl unterschiedlicher Ideen zu generieren oder einfache gestalterische Arbeiten zu einem fairen Preis einzukaufen, ist 99designs eine aufregende Alternative.

Die kreative Vielseitigkeit auf einer Crowdsourcing-Plattform ist beeindruckend. Der Feedback-Prozess und das Chatten auf der Plattform mit Kreativen rund um den Globus sind allemal eine Erfahrung wert. Mein Fazit: Beide Modelle haben ihre Berechtigung. Beide werden in Zukunft Bestand haben – und sich auf ihre jeweiligen Stärken fokussieren.

Für dieses Buch habe ich viel mit Crowdsourcing experimentiert und verschiedene Wettbewerbe ausgeschrieben. Die Aufgaben für die Gestalter-Crowd lauteten zum Beispiel: „Wie sieht der Moment aus, in dem eine Idee entsteht?" Oder: „Was ist die schönste kreative Aufgabe, die Sie sich vorstellen können?" Auf die zweite Frage erhielt ich als Antwort eine Illustration, auf der sich der Grafiker selbst darstellt: Er sitzt am PC, und seine schönste kreative Aufgabe besteht offensichtlich darin, eine Illustration für Bernhard Wolff zu erstellen. Diese Idee fand ich natürlich besonders schmeichelhaft.

So weit die Buch-Bedienungsanleitung. Und jetzt: auf, auf!

# 157,5

## Ideen-beschleuniger

# Endlich out of the Box

Kennen Sie dieses schöne Gefühl, dass eine Idee Sie aus den Begrenzungen Ihres Denkens herausträgt? Wir denken dann „out of the Box". Solange wir allerdings drinsitzen, in der Box, kriegen wir den Deckel nicht auf. Hier ein paar Tipps zum Entkommen: Hinterfragen Sie die Annahmen Ihres Denkens. Wechseln Sie die Perspektive. Kombinieren Sie Dinge neu. Machen Sie sich Gewohnheiten bewusst. Und schalten Sie Ihren mentalen Autopiloten aus. Dann kommen die Ideen. Wie all das im Detail funktioniert? Steht in diesem Buch! Willkommen out of the Box.

# Das Be-unique-Vorhaben

Ich war vor ein paar Wochen in den USA. Dabei ist mir aufgefallen, wie hoch dort Einzigartigkeit bewertet wird: one of a kind, outstanding, unique! Die Begeisterung ist riesig, wenn Menschen etwas sehen und erleben, was es sonst nirgends zu sehen und zu erleben gibt.

Im Business wird Einzigartigkeit, also das Alleinstellungsmerkmal eines Produkts oder einer Dienstleistung, auch USP genannt: die Unique Selling Proposition. Aber es geht mir hier gar nicht ums Business. Ich glaube eher, dass wir unsere eigene Einzigartigkeit häufig aus den Augen verlieren – während wir von der Flut einzigartiger Produkte und Dienstleistungen mitgerissen werden.

Ich bin hundertprozentig sicher, dass jeder Mensch auf dieser Welt – und wir sprechen hier von fast acht Milliarden – etwas kann, was sonst niemand kann, etwas weiß, was sonst niemand weiß, oder etwas zu sagen hat, was sonst niemand zu sagen hat.

**Starten Sie Ihr persönliches Be-unique-Vorhaben. Was unterscheidet Sie von allen anderen Menschen auf diesem Globus? Was macht Sie einzigartig? Was können einfach nur Sie?**

# Wunderbare Wortspielwiesen

Die Sonne geht unter. Die Sonne geht auf. Das sagen wir, obwohl wir wissen, dass wir uns nur abwechselnd von ihr weg- und zu ihr hindrehen. Unsere Vorfahren wussten das nicht. Sie konnten nur „sehen", dass die Sonne unter- und wieder aufgeht. Diese Wahrnehmung hat sich in unserer Sprache verfestigt. Auch bei komplexen oder abstrakten Themen suchen wir gern nach einer Verbindung zu unserer Wahrnehmung. Bilder helfen beim Begreifen und Erklären. Ohne Bilder wäre das Sprechen über Abstraktes fast unmöglich. Und weil auch Ideen etwas Abstraktes sind, sprechen wir von Quellen, aus denen sie sprudeln, und von Fundamenten, auf denen sie aufbauen – auch wenn sie weder aus Wasser bestehen noch im Boden zementiert werden.

Wir sind uns dieser Bilder viel zu selten bewusst. Dabei sind sie eine tolle kreative Spielwiese. Achten Sie bei Gesprächen doch einmal bewusst auf diese Metaphern. Realisieren Sie die „Sprachbilder" in Ihrem Kopf, oder sprechen Sie am besten direkt darüber. Das wird auch Ihre Gesprächspartner amüsieren. Die hohe Schule besteht natürlich darin, Metaphern selbst zu erfinden, Vergleiche zu suchen, die einen Sachverhalt auf überraschende Weise treffend beschreiben. Sie werden sehen: Bilder im Kopf sind das Salz in der Suppe.

### Metaphern rund ums Thema Kreativität

- Ideen sprudeln aus Quellen oder fallen vom Himmel.
- Mit Ideen kann man glänzen und etwas befeuern.
- Wir haben ein Aha-Erlebnis und uns geht ein Licht auf.
- Gedanken treffen sich und befruchten sich gegenseitig.
- Wir gehen mit Ideen schwanger und bringen sie zur Welt.

# Die Start-up-Starthilfe

Bevor Sie sich zu sehr damit quälen, dass Ihnen keine kreativen Gedanken in den Sinn kommen: Lassen Sie sich von anderen kreativen Köpfen inspirieren! Suchen Sie nach Start-ups! Deren Ideen und Konzepte sind die perfekte Inspiration an Tagen, an denen Ihnen selbst nichts einfällt. Also Notebook aufklappen oder Tablet anschmeißen, und los geht die Reise.

Im Internet gibt es diverse Seiten, die sich mit neuen Unternehmen beschäftigen. Diese Start-ups kommen mit den verrücktesten Ideen auf den Markt, kreuz und quer durch alle Lebensbereiche: ob Tische aus Surfbrettern, Parkplatz-Sensoren, die mit Smartphones kommunizieren, Bambusfahrräder oder Chips aus Wirsing. Lassen Sie sich überraschen, was die Welt nicht alles braucht!

Suchen Sie zudem im Netz nach Gründerwettbewerben und Innovations-Awards. Dann haben Sie die besten Ideen zu den relevantesten Themen auf einen Schlag im Visier. Ganz weit vorn als Inspirationsquelle finden sich natürlich die TED-Talks auf www.ted.com. Unter dem Motto „Ideas worth spreading" gibt es hier kurze und einfallsreiche Vorträge zu allen möglichen Themen. Lassen Sie sich inspirieren!

### Start-Seiten für Start-up-Starthilfe

http://www.deutsche-startups.de
http://www.gruenderszene.de
http://www.fuer-gruender.de/blog/Thema/geschaeftsideen/
http://www.starting-up.de/geschaeftsideen.html

# Der 70/30-Vergangenheits-Vorsprung

Kreativität kann zwei sehr unterschiedliche Motivationsquellen haben. Entweder lösen wir Probleme, die aus der Vergangenheit kommen, oder wir ergreifen Chancen, die in der Zukunft liegen. Jetzt schätzen Sie mal, womit Sie im Alltag mehr Zeit verbringen: mit Problemen aus der Vergangenheit oder mit Chancen, die in der Zukunft liegen?

Das Verhältnis liegt im Durchschnitt etwa bei 70:30. 70 Prozent unseres Hirnschmalzes und unserer Aufmerksamkeit investieren wir, um Probleme zu lösen, die aus der Vergangenheit kommen. Nur 30 Prozent investieren wir in die aktive Gestaltung unserer Zukunft. Besser wäre andersherum! Aber wir hängen mental in der Vergangenheit. Probleme aus der Vergangenheit kommen von ganz allein auf uns zu. Um zukünftige Chancen dagegen müssen wir uns aktiv kümmern.

Widmen Sie der Zukunft ein bisschen mehr Aufmerksamkeit. Nehmen Sie sich mindestens einmal pro Woche eine Stunde Zeit, in der Sie sich ausschließlich mit Ihrer Zukunft beschäftigen. Malen Sie sich Chancen aus, entwickeln Sie ein Wunschbild. Träumen Sie davon, wie Ihre Zukunft im besten Fall aussehen könnte. Alles andere ist Vergangenheit.

Immer wieder sagen mir Menschen: „Ich plane die Zukunft nicht. Ich will im Hier und Jetzt leben und die Gegenwart genießen." Schön und gut. Aber bitte bedenken Sie: Jeder Augenblick Ihrer Zukunft wird ein Moment der Gegenwart sein, wenn es erst mal so weit ist. Wer auch in Zukunft das Hier und Jetzt genießen will, der sollte rechtzeitig vorsorgen.

# Der produktive Generationen-Clash

Der Volksmund sagt: „Kinder und Greise denken anders." Anders als Sie und anders als ich. Warum das so ist, lässt sich leicht erklären: Kinder sind noch nicht so gefangen in Konventionen und im Routinedenken, sie lassen ganz andere Assoziationen zu. Bei den Älteren dagegen spielen Weisheit und Erfahrung eine große Rolle, wenn es um das Lösen von Problemen geht.

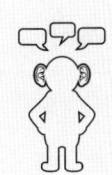

Nutzen Sie diese Perspektiven für sich. Kinder und ältere Menschen sind viel coolere Brainstorming-Partner als Gleichaltrige. Sie werfen Fragen auf, auf die Sie sonst nie gekommen wären. Sie sehen Verbindungen, die Sie garantiert übersehen hätten. Und sie haben spontane Einfälle, die Ihnen die Schuhe ausziehen.

Wenn Sie eine Idee suchen oder ergänzendes Feedback brauchen, dann sprechen Sie Großeltern, ältere Nachbarn oder Freunde der Familie an. Bitten Sie um ein spontanes Brainstorming, eine Kritik oder eine Diskussion. Lassen Sie Kinder Ihre Ideen nacherzählen oder für andere beschreiben. Bitten Sie die kleinen Genies, die Idee aufzumalen oder zu basteln, und fragen Sie nach Vorschlägen zur Verbesserung. Im besten Fall holen Sie alle Generationen an einen Tisch.

**Ein Kind um seine Sichtweise bitten:**

„Morgen, wenn du im Kindergarten bist, bin ich bei der Arbeit. Lass uns doch mal zusammen ein Bild malen, wie es da aussieht. Am wichtigsten ist, dass alle meine Kollegen und ich immer gesund bleiben. Wie müsste das Büro aussehen, damit wir nie krank werden?"

**Einen älteren Menschen um seine Sichtweise bitten:**

„Wir denken in der Firma gerade über betriebliches Gesundheitsmanagement nach. Wie habt ihr das eigentlich früher gemacht, dass die Leute möglichst wenig krank wurden? Was wären deine drei Vorschläge, wenn du morgen im Brainstorming dabei sein könntest?"

# Die Duschdauer-Ideenfluss-Korrelation

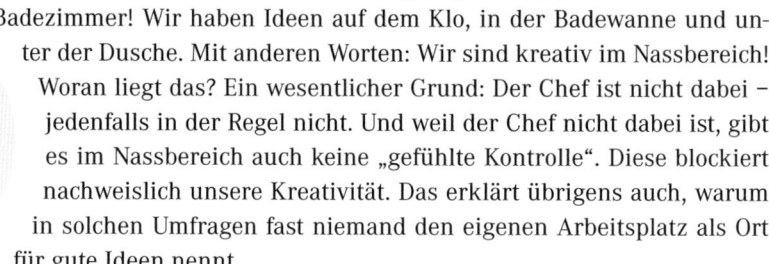

Viele Umfragen beschäftigen sich damit, an welchen Orten Menschen auf gute Ideen kommen. Und welcher Ort liegt regelmäßig ganz weit vorn? Das Badezimmer! Wir haben Ideen auf dem Klo, in der Badewanne und unter der Dusche. Mit anderen Worten: Wir sind kreativ im Nassbereich! Woran liegt das? Ein wesentlicher Grund: Der Chef ist nicht dabei – jedenfalls in der Regel nicht. Und weil der Chef nicht dabei ist, gibt es im Nassbereich auch keine „gefühlte Kontrolle". Diese blockiert nachweislich unsere Kreativität. Das erklärt übrigens auch, warum in solchen Umfragen fast niemand den eigenen Arbeitsplatz als Ort für gute Ideen nennt.

Was können wir daraus lernen? Wir sollten einfach länger unter der Dusche bleiben, um die Wahrscheinlichkeit für gute Ideen zu erhöhen. Ihr ganz persönlicher Ideenfluss korreliert positiv mit Ihrer Dusch- oder Badedauer. Schon nach wenigen Minuten kommen die richtig guten Einfälle. Und zum Notieren gibt es wasserfeste kleine Tafeln. Wer mutig ist, überredet seinen Chef, auch im Büro einen Nassbereich mit Ideenduschen einzurichten.

Alternativ bieten sich Spaziergänge in der Natur an oder lange Autofahrten auf bekannten Strecken. Beides wird in den Umfragen häufig als ideale Umgebung oder Situation für gute Ideen genannt. Auch hier fühlen wir uns nicht kontrolliert, kommen zur Ruhe und können die Gedanken auf Wanderschaft schicken. Überlegen nun Sie bitte, welche Orte Sie selbst in der Umfrage genannt hätten – und suchen Sie diese in Zukunft häufiger auf!

**Die Top-5-Orte für gute Ideen**

- Unter der Dusche oder auf dem Klo
- In der Natur, im Wald oder am Wasser
- Auf langen Autofahrten allein unterwegs
- Im Bett, beim Träumen oder Dösen
- Beim Sport: Joggen und Fahrradfahren
  (Umfrage von Bernhard Wolff)

# Der Über-Kreuz-Überraschungstag

Klar, man soll sich in Beziehungen gegenseitig überraschen. Das hält die Beziehung frisch und macht Spaß. Bestimmt haben Sie Ihrem Partner auch schon einmal einen Überraschungstag geschenkt. Die Sache ist nur: Das führt nicht automatisch zu einem guten Ende. Könnte sein, dass der Überraschte die Überraschungen gar nicht so gelungen findet. Und dann geht das Ding nach hinten los.

Probieren Sie es stattdessen doch einmal mit einem Überraschungstag „über Kreuz": Sie tun sich mit einem befreundeten Paar zusammen, und jedes Paar organisiert den Tag für das jeweils andere Paar. Das Ganze findet an einem bestimmten Datum statt, sodass Sie sich abends alle gemeinsam treffen, gemeinsam essen und von ihren ungeahnten Erlebnissen erzählen können.

Das Tolle am „Über-Kreuz-Überraschungstag" ist, dass Sie schon beim Planen zu zweit aktiv sind. Sie werden sehen: Bereits ein Brainstorming darüber, was das befreundete Paar alles erleben könnte, macht jede Menge Spaß. Ganz davon abgesehen, dass Sie automatisch anfangen, über Beziehungsthemen im Allgemeinen und über Ihre Beziehung zu Ihren Freunden im Speziellen zu sprechen. Im Grunde reden wir hier also von Open Innovation auf Beziehungsebene. Viel Spaß dabei!

## Kurzanleitung Über-Kreuz-Ü-Tag

- Ein nettes, befreundetes Paar suchen
- Paarweise für das andere Paar Erlebnisse ausdenken
- Den Ü-Tag für das andere Paar im Detail planen
- Den Ü-Tag am selben Tag durchführen
- Abends treffen und erzählen

# Die Hirn-Garten-Metapher

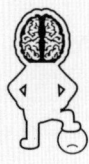

Fürs menschliche Gehirn gibt es viele Metaphern: vom Oberstübchen und der Hirnkammer über technische Begriffe wie Denkapparat, Computer und Speicher, bis hin zum Kürbis oder der Omme. Das Hirn hat eine gefaltete Struktur, weshalb Eckart von Hirschhausen es mit einem Falkplan vergleicht. Häufig wird auch behauptet, das Gehirn sei ein Muskel. Das ist ungefähr so richtig wie die Behauptung, dass das Gehirn zwei halbe Hähnchen darstellt. Aber auf richtig und falsch kommt es nicht an. Alle Vergleiche und Metaphern sind zulässig, solange sie etwas vermitteln, was sonst schwer zu erklären wäre. Eine gute Metapher zu finden, ist deshalb eine ausgesprochen kreative Leistung. Es geht schließlich darum, treffliche Parallelen oder Ähnlichkeiten ausfindig zu machen. Und das ist ein Kernprinzip kreativen Denkens. Das Gehirn als Garten zu betrachten, ist eine besonders schöne Metapher, weil sie das Anpflanzen, Pflegen und Gedeihen von Gedanken und Ideen hervorhebt. Machen Sie die Suche nach guten Metaphern zu einer Leidenschaft!

# Das Stille-Post-Revival

Können Sie sich noch an das Spiel „Stille Post" erinnern? Man flüstert seinem Nebenmann etwas ins Ohr, das dieser dem Nächsten weiterflüstert und dieser wieder dem Nächsten – und so weiter. Kommt das Geflüster dann wieder bei der Startperson an, beinhaltet es meist eine völlig andere Aussage als die ursprüngliche. Sehr zum Spaß aller Mitspieler.

Dieses Spiel hat Ideenfindungspotenzial. Nicht weil geflüstert wird, sondern weil Schritt für Schritt eine kleine Veränderung stattfindet, weil etwas hinzugefügt oder weggelassen wird, weil sich Wahrnehmung und Perspektiven verändern. Man könnte auch sagen: weil ein Gedanke eine kommunikative Evolution durchläuft.

Schnappen Sie sich Freunde oder Kollegen, und los geht das inspirierende Stille-Post-Revival. Sie starten das Spiel, nennen laut ein Problem oder Thema und notieren dieses zusätzlich als oberste Zeile auf einem Blatt Papier. Dieses Blatt geben Sie weiter an Ihren Nachbarn. Er muss nun innerhalb von 20 Sekunden eine zweite Zeile darunter schreiben: eine Idee, einen Lösungsansatz, eine quergedachte Weiterführung. Dann reicht er den Zettel an den nächsten Mitspieler weiter. Der Zettel wird im weiteren Verlauf so gefaltet, dass jeder immer nur die Zeile des Vorgängers lesen kann. So verlangt es das Stille-Post-Spielprinzip. Sie dürfen neugierig sein, was am Ende herauskommt!

**Beispiel: Ständig vertrocknete Zimmerpflanzen im Büro!**

- Niemand fühlt sich verantwortlich, es fehlt Motivation.
- Jeder sollte für eine eigene Pflanze verantwortlich sein.
- Wahlen einführen für die „Pflanze des Monats".
- Pflanzen sollten in unterschiedlichen Zeiträumen blühen.
- App entwickeln, die zeitlich sinnvoll „Pflanzensitter" benennt.
- App heißt „Greenforever" und wird weltweit ein Erfolg.
- Von den Einnahmen heuern wir eine Gärtnerin an.

# Zwölfmeterschießen – ein sportlicher Kreativitätstest

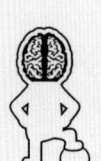

Stellen Sie sich vor, Sie dürften Fußballregeln neu erfinden. Zum Beispiel: Wie könnte man ein Unentschieden noch entscheiden, außer durch Elfmeterschießen? Was fällt Ihnen dazu ein? Vielleicht gewinnt die Mannschaft, die länger im Ballbesitz war? Oder die Zuschauer dürfen per Applaus abstimmen? Oder die Kapitäne spielen Schnick, Schnack, Schnuck? Schreiben Sie eine Minute lang alles auf, was Ihnen in den Sinn kommt. Beim Schreiben neigen wir dazu, jede Idee sofort zu bewerten und sie auf ihre „Machbarkeit" hin zu überprüfen. Aber genau das ist falsch. In der Phase der Ideenfindung muss die Bewertung zurückgestellt werden. Das gilt für jedes gute Brainstorming. Perfektionieren können Sie Ihre Ideen später noch.

Übrigens: Ihre Liste verrät viel darüber, wie kreativ Sie tatsächlich sind. Es gibt für die Bewertung drei zentrale Kriterien, die auf den Urvater der Kreativitätsforschung, den US-Amerikaner J.P. Guilford, zurückgehen: Originality, Flexibility und Fluency. Originality bedeutet: Sie sind kreativ, wenn Ihre Ideen möglichst weit von der Ursprungslösung entfernt sind. Wenn wir über Elfmeterschießen reden und Sie haben Zwölfmeterschießen notiert, dann ist das leider nicht besonders weit von der Ursprungslösung entfernt! Flexibility bedeutet: Sie sind kreativ, wenn Ihre Ideen möglichst unterschiedlich voneinander sind und nicht derselben Kategorie angehören. Streichholzziehen, Würfeln und Flaschendrehen sind zwar schöne Ideen, gehören aber alle der Kategorie der Zufallsentscheidungen an. Und Fluency bedeutet: Sie sind kreativ, wenn Sie in begrenzter Zeit eine große Menge an Ideen produzieren können, möglichst flüssig, ohne ins Stocken zu kommen. In 60 Sekunden findet ein kreativer Kopf locker sechs bis sieben Alternativen zum Elfmeterschießen. Versuchen Sie doch beim nächsten Brainstorming, alle drei Kriterien bewusst zu berücksichtigen!

### Drei Grundregeln des kreativen Denkens

- Möglichst weit weg denken von der Standardlösung
- Möglichst unterschiedliche Denkrichtungen einschlagen
- Möglichst viele Ideen und Alternativen spinnen

# Der Fun-Faktor

„If it's not fun, why do it?" Jerry Greenfield von Ben & Jerry's Ice Cream hat diese Worte in die Welt gesetzt, für seine Werbung genutzt – und damit vielen Menschen aus der Seele gesprochen. Wenn es keinen Spaß macht, wozu sollte ich es dann tun? Oder andersherum: Wie sehr ich die tägliche Arbeit hasse, die mir keine Freude macht. Dale Carnegie, die US-amerikanische Motivations- und Self-Improvement-Legende, hat die Vorlage zu diesem Zitat geliefert: „People rarely succeed unless they have fun in what they are doing." Damit sind wir beim Fun-Faktor als Motivation, insbesondere für Teamwork und Projektarbeit.

Kreative Prozesse in Teams sind selten erfolgreich, wenn die Leute keinen Spaß haben. Denken Sie sich fünf männliche Vorstände in dunklen Anzügen an einem Konferenztisch auf der Suche nach neuen Investmentstrategien. Schwer vorstellbar, dass diese Herren sich bei der Ideensuche vor Lachen wegschmeißen – aber es würde ihnen wahrscheinlich ganz guttun. Zumindest ab und zu.

Wenn Sie Team- oder Projektarbeit organisieren, dann sorgen Sie dafür, dass der Fun-Faktor nicht zu kurz kommt. Setzen Sie Ihre Teams vielseitig und gemischt zusammen. Lassen Sie den Leuten Luft für informellen Austausch; bauen Sie gemeinsame Erlebnisse in den Arbeitsprozess ein; fahren Sie Kontrolle und Regeln zurück; suchen Sie inspirierende Umgebungen; belohnen Sie auch verrückte Ideen und Vorschläge. Dann haben die Leute Spaß und werden genau deshalb hochmotiviert loslegen.

**Checkliste für Ihren persönlichen Fun-Faktor**

- Prüfen Sie Ort und Umgebung für Ihre Ideen-Arbeit: Fühlen Sie sich dort wohl? Lächeln Sie dort häufig?
- Prüfen Sie die Menschen um sich herum: Schaffen diese eine offene Atmosphäre? Bringen Sie sich gegenseitig zum Lachen?
- Prüfen Sie die Themen, an denen Sie arbeiten: Sind es Themen Ihrer Wahl oder gar Ihres Herzens? Themen, die Sie begeistern?
- Prüfen Sie Ihre Utensilien: Arbeiten Sie gerne mit Ihrem alten PC, oder würde Ihnen ein neues Notebook mit neuer Software Spaß machen?

# Das Ostereier-Suchprinzip

Dem Osterhasen verdanken wir ein Erlebnis, das ganz typisch für kreative Menschen ist: das freudige Entdecken. Wir rennen herum, suchen Eier und finden letztlich auch welche – und dann sind wir glücklich, entzückt und begeistert.

Was wir zu Ostern tun, sollten wir auch den Rest des Jahres tun: unsere schönsten Wünsche im Kopf haben und mit offenen Augen durch die Welt laufen – so lange, bis wir fündig geworden sind. Dass wir am Ostersonntag leckere Schokoeier finden, daran gibt es nicht den leisesten Zweifel. Genauso wenig sollten wir zweifeln, wenn wir nach den anderen schönen Dingen des Lebens Ausschau halten. Es gibt sie. Auch als Erwachsene sollten wir so überzeugt, intensiv und voller Vorfreude auf der Suche bleiben wie die Kinder am Ostertag!

Viele Menschen haben Wünsche im Kopf, aber sie machen weder die Augen auf, noch machen sie sich auf die Suche. Sehr schnell finden solche Menschen einen Schuldigen, den sie dafür verantwortlich machen, dass sie bestimmte Ziele nicht erreichen oder bestimmte Wünsche nicht in Erfüllung gehen. Solchen Menschen empfehle ich das Ostereier-Suchprinzip ganz besonders.

### Ostereier-Suchprinzip

- Den konkreten Wunsch im Kopf haben
- Sich voller Vorfreude auf die Suche machen
- Keine Zweifel daran zulassen, dass sich die Suche lohnt
- Ausdauer zeigen und immer weitersuchen
- Begeistert entdecken und glücklich genießen

# Die Anti-Frust-Pause

Schon etwas geschafft? Die Antwort auf diese Frage macht uns zufrieden – oder unzufrieden. Besonders in kreativen Projekten werden Menschen leicht unzufrieden, wenn sie mit der Arbeit nicht vorankommen. Sie bestrafen sich dann geradezu damit, sich immer tiefer in das Problem reinzuhängen. Sie quälen sich durch die unproduktive Arbeitszeit. Meist ist das nutzlos und frustrierend. Wenn man nichts tut und sich hängen lässt, steigt der Frustfaktor ebenso. Und im schlimmsten Fall fängt man an, seine kreative Tätigkeit zu verabscheuen. Das gilt es unbedingt zu vermeiden. Die Lösung? Anti-Frust-Pausen!

Gönnen Sie sich Pausen, die Sie sinnvoll nutzen. Tun Sie etwas, womit Sie sicher zu einem Ergebnis kommen oder sicher ein Ziel erreichen. Ob Sie einen Blumenstrauß pflücken, eine Runde Joggen einlegen, Ihre Steuererklärung machen oder Ihr Auto entmüllen – gehen Sie einer Tätigkeit nach, die das Gefühl erzeugt: Ich habe etwas geschafft. Für Ihre Psyche ist das der reinste Balsam.

Wenden Sie sich also bewusst von Ihrer Aufgabe oder Ihrem Problem ab. Aber horchen Sie auch während solcher Pausen in sich hinein: Welche Ideen, Gedanken, Impulse überkommen Sie dabei? Wer weiß, vielleicht führt das stoische Staubsaugen zur perfekten Idee, oder die Gerüche beim Blumenpflücken versetzen Sie in andere Denkgefilde. Vielleicht ist es aber auch das Sammeln der Bewirtungsbelege, das Sie auf neue Lösungen bringt. Welche Anti-Frust-Pause es auch sein mag, wenn die Ideen wieder sprudeln, war es die richtige!

 **Sie schaffen mehr nach einer Pause, wenn Sie in der Pause etwas schaffen.**

# Ideenschwanger statt Ideenverhütung

Man sagt ja so schön: Ideen werden geboren. Aber bevor eine Idee geboren wird – bevor Sie eine Idee zur Welt bringen –, gehen Sie mit der Idee schwanger!

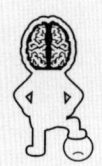 Und bevor Sie mit einer Idee schwanger gehen, das passiert ja nicht von allein, müssen sich zwei Gedanken ganz lieb gehabt haben. Wie muss man sich das vorstellen? Zwei Gedanken gehen Ihnen durch den Kopf, und sie tun das zunächst auf getrennten Wegen. Aber der Kopf ist rund, damit die Gedanken die Richtung wechseln können. Und dann auf einmal – pling! – begegnen sie sich und befruchten sich gegenseitig.

Aber was genau können Sie tun, damit das auch wirklich passiert? Die Antwort lautet: Lassen Sie möglichst viele und möglichst unterschiedliche Gedanken rein in den Kopf. Sorgen Sie dafür, dass sich Gedanken begegnen, die vorher nichts miteinander zu tun hatten. Kombinieren und assoziieren Sie wild und lustvoll. Und vor allem: Verzichten Sie auf die üblichen Methoden der Ideenverhütung, wie zum Beispiel die Spirale der Gewohnheit. Dann haben Ihre Ideen gute Chancen, eines Tages das Licht der Welt zu erblicken.

Und bitte machen Sie sich auf Folgendes gefasst: Sobald eine Idee da ist, kommen auch die ersten Kritiker und sagen: „Was ist denn das für eine Idee?", „Die ist doch nicht von dir!", „Viel zu teuer!". Aber Sie glauben an Ihre Idee, ziehen sie groß und machen aus ihr eine echte Innovation, ein Stück Zukunft!

### So werden Sie ideenschwanger

- Machen Sie Ihr Hirn zu einem Tollhaus.
- Brainstormen Sie wild und hemmungslos.
- Verkuppeln Sie fremde Gedanken miteinander.
- Keine Verhütung durch Vorurteile.
- Haben Sie jede Menge Spaß.

# Die Teesorten-Inspiration

Wenn Sie das Gefühl haben, Ihnen fällt überhaupt nichts mehr ein, dann machen Sie sich auf den Weg in die Teeabteilung eines Supermarkts und studieren Sie das Angebot. Es gibt grünen, schwarzen und weißen Tee. Blatt-Tee, kleinblättrigen, losen oder portionierten Tee. Es gibt Unmengen aromatisierter Tees: Ingwer-Zitrone, Rotbusch-Vanille, grüner Tee mit Brennnessel, schwarzer mit Karamell. Aber der eigentliche Kick steckt in den Produktnamen. Wonach suchen die Menschen, was fehlt ihnen? Genau: Emotionen, Empathie, das richtige Feeling! Und so möchten wir unbedingt den „Himmelszauber" oder den „Kaminabend" genießen, wir suchen den „Süßen Teufel", die „Pure Lust" oder die „Kleine Sünde".

Die Teeindustrie erfindet oder entdeckt kein neues Getränk. Aber sie macht das Teetrinken zum Lifestyle – und bietet für jede Situation und jeden Anlass das passende Beutelchen. Schlendern Sie also durch die Teeabteilung, und finden Sie heraus, was Sie von den Produzenten lernen können. Braucht Ihr Konzept mehr Emotion? Fehlt Ihnen ein gewagter Name? Wie wird – im übertragenen Sinne – aus Ihrer langweiligen Hagebutte die „Pure Lust"? Wenn Ihr Produkt ein Tee wäre, wie würde er heißen? Wer würde ihn wann trinken? Und was würde er dabei fühlen?

Die Stippvisite in der Teeabteilung beweist: Eine Sache muss nicht zu 100 Prozent neu sein, um Erfolg zu haben. Etwas Vorhandenes neu zu denken, es neu zu erfinden, es neu zu verpacken, ist ebenfalls ein Weg zur Innovation. Also: Werfen Sie einen frischen Blick auf Ihre Konzepte, Produkte und Prozesse. Am besten bei einer guten Tasse Tee.

 **Tradition trifft Innovation: Denken Sie Altes neu!**

# Nützliche neue Normalitäten

„Oma, du hast das Internet gelöscht!" Mit diesen Worten jagt YouTube-Star Bibi ihrer Oma einen gehörigen Schrecken ein. Über 1,6 Millionen Mal wurde das Video „Meine Oma erklärt das Internet" aufgerufen. Und zugegeben: Das Video ist wirklich ziemlich lustig. Dass Oma sich im Internet nicht auskennt, wird allerdings immer unwahrscheinlicher. Der Anteil der Senioren, der Social Media nutzt, schnellt in die Höhe. Skypen mit der Oma ist inzwischen auch für die Oma völlig normal – nicht nur für das 3-jährige Enkelkind mit seinem ersten eigenen Tablet. Überhaupt: Der digitale Wandel katapultiert uns in eine neue Normalität. Das Internet ist die größte Fundgrube für neue Ideen und das tollste Werkzeug für Innovationen und kreative Kommunikation, das man sich vorstellen kann. Und falls Oma wegen ihrer vielen Social-Media-Aktivitäten nicht mehr dazu kommt, ihr Haustier zu füttern, wird ganz sicher der vollautomatische Futternapf 4.0 erfunden.

# Das große Wörter-Schöpfen

Wissen Sie, was ein „Dia Bolo" ist? Oder was „merkeln", „Smombie" oder „bambus" bedeuten? Diese Wörter standen als Jugendwort des Jahres zur Wahl. Die Initiative von Langenscheidt stellt für Menschen, die kreative Wortspielereien mögen, ein allsommerliches Highlight dar: Sie zeigt nicht nur, wie die Jugend gerade tickt, sie inspiriert alle Generationen! Die Wortschöpfungen lassen kreatives Kombinieren und Verändern erkennen – und natürlich auch ein bisschen Kalauern. Und das macht Spaß.

Ein „Dia Bolo" zum Beispiel ist ein hässliches Selfie. Bei „merkeln" wurden Verhaltensweisen von Angela Merkel aufgegriffen, die die Jugend offensichtlich als ganz typisch ansieht: „Nichts tun, keine Entscheidungen treffen, keine Äußerung von sich geben." Ganz regelkonform wurde also kurzerhand ein „n" an das Nomen gehängt – und fertig war das neue Verb! Viele weitere Beispiele finden Sie unter www.jugendwort.de.

Nicht nur Jugendliche sind gut darin, neue Wörter zu erfinden: Wenn Sie Ihre Sprache ein wenig kreativer gestalten möchten, versuchen auch Sie sich an Wortschöpfungen, Redewendungen oder sprachlichen Bildern, die es so noch nicht gibt. Das fördert Ihre sprachliche Kompetenz und bringt Ihre kreative Ader auf Touren. Welches Wort haben Sie schon erfunden?

Starten Sie im Freundeskreis oder bei der Arbeit einen Wettbewerb unter dem Motto „Wortneuschöpfung des Monats". Für welche Bedeutungen werden neue Wörter ausgewählt, welche Aspekte wurden dafür genutzt und welche Regeln oder Muster wurden wie verwendet?

# Das Grundgrundgrund-Prinzip

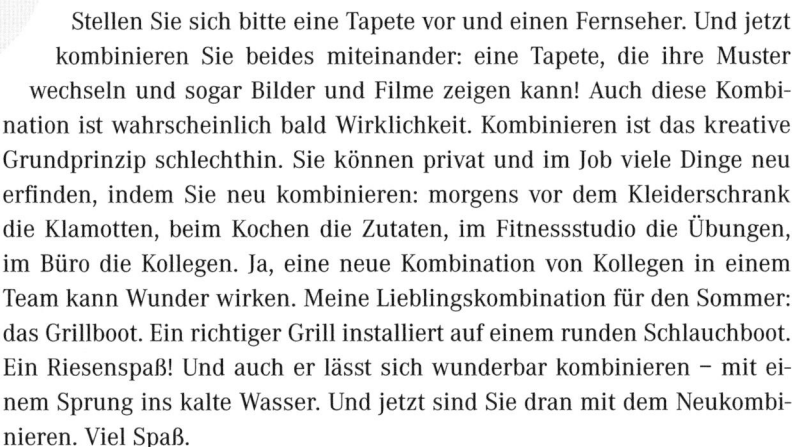

Was ist eigentlich „das Neue"? Das Neue ist eigentlich immer eine Kombination aus Dingen, die es schon gibt. Irgendwann hat jemand den Koffer und das Rad kombiniert – und schon war der Rollkoffer erfunden. Inzwischen kombinieren Rimowa, T-Systems und Airbus ihre Produkte und Konzepte miteinander und bieten den „Bag2Go" an: den Koffer, der vollautomatisch von Tür zu Tür reisen kann, weil er über ein entsprechendes Funk- und Softwaremodul verfügt. Dieser Koffer lässt sich jederzeit weltweit orten, und er wiegt sich sogar von allein. Das ist die hohe Schule des Kombinierens.

Stellen Sie sich bitte eine Tapete vor und einen Fernseher. Und jetzt kombinieren Sie beides miteinander: eine Tapete, die ihre Muster wechseln und sogar Bilder und Filme zeigen kann! Auch diese Kombination ist wahrscheinlich bald Wirklichkeit. Kombinieren ist das kreative Grundprinzip schlechthin. Sie können privat und im Job viele Dinge neu erfinden, indem Sie neu kombinieren: morgens vor dem Kleiderschrank die Klamotten, beim Kochen die Zutaten, im Fitnessstudio die Übungen, im Büro die Kollegen. Ja, eine neue Kombination von Kollegen in einem Team kann Wunder wirken. Meine Lieblingskombination für den Sommer: das Grillboot. Ein richtiger Grill installiert auf einem runden Schlauchboot. Ein Riesenspaß! Und auch er lässt sich wunderbar kombinieren – mit einem Sprung ins kalte Wasser. Und jetzt sind Sie dran mit dem Neukombinieren. Viel Spaß.

### Erfinden trainieren

Mit einem ganz einfachen Spiel können Sie in einer kleinen Gruppe kreatives Erfinden trainieren: Jeder notiert einige Objekte oder Produkte auf einzelne Zettel. Die Zettel werden gut gemischt, dann werden zwei Zettel gezogen. Jetzt lautet die gemeinsame Aufgabe, diese Objekte oder Produkte zu kombinieren – und auf diesem Wege etwas Neues zu erfinden. So gewinnen Sie Impulse für Innovationen.

# Das Herzklopf-Kriterium
# für Ideenspinner

Ein kleiner Test. Hatten Sie schon einmal eine der folgenden drei Ideen: Ich könnte ein Buch schreiben. Ich könnte ein Café aufmachen. Ich könnte ein Spiel erfinden. Ja? Sehr gut! Sie scheinen ein kreativer Typ zu sein! Zweite Frage: Haben Sie jemals ein Buch geschrieben, ein Café aufgemacht oder ein Spiel erfunden? Nein? Genau das ist der Punkt! Wir haben Ideen, für die wir uns begeistern, die wir aber nicht umsetzen. Und je mehr Ideen wir haben, die wir nicht umsetzen, umso größer sind unser Frust und die persönliche Unzufriedenheit.

Also fokussieren Sie sich. Picken Sie sich nur eine Ihrer vielen Ideen heraus. Eine einzige. Und zwar diejenige, für die Ihr Herz am meisten schlägt und für die Ihre Leidenschaft brennt. Dann tun Sie erste Schritte in Richtung Umsetzung – am besten sofort. Vielleicht machen Sie eine Recherche rund um Ihre Idee. Oder Sie treffen sich mit Leuten, die eine Erfahrung zum Thema beisteuern können. Oder Sie visualisieren Ihr Konzept als Mindmap. Oder Sie schreiben eine kurze PR-Meldung. Sie werden sehen: Das alles tut richtig gut. Das macht Sie zufrieden. Und das motiviert Sie, die nächsten und größeren Schritte auf dem Weg zum Ziel zu gehen!

**Wenn Ihr Herz für eine Idee schlägt, dann zögern Sie keine Sekunde mit der Umsetzung.**

# Das Toffifee-Prinzip

Es war einmal ein großes, bekanntes Unternehmen, das Geschirrspülmittel für Spülmaschinen herstellte. Eines Tages wurde es Zeit für eine werbewirksame Erneuerung, auch wenn das Mittel bereits prima spülte. Was tat das Unternehmen? Es schaute über den Tellerrand – direkt in eine leckere Toffifee-Packung hinein! Das verblüffende Ende der Geschichte: die Erfindung der Spülmaschinentabs mit der Kugel. So wie uns die Schokoladenkugel im Toffifee anlacht, so lacht uns nun der Reinigungsverstärker im Spülmaschinentab an. Sogar die Herstellverfahren sind ähnlich. Das nenne ich schlau und intelligent abgekupfert.

Viele Unternehmen wissen heute um die Innovationskraft interdisziplinärer Kombinationen. Sie schauen bewusst links und rechts von ihrer Branche. Und je weiter sie über diese Branchengrenzen schauen, umso wahrscheinlicher werden wirklich überraschende Innovationen. „Cross Pollination" heißt das Zauberwort – die Befruchtung kreuz und quer über Grenzen hinweg.

Kreativität nach dem „Toffifee-Prinzip" bedeutet, in ganz anderen Bereichen und Branchen Ähnlichkeiten mit den eigenen Produkten und Dienstleistungen ausfindig zu machen – und dann Rosinen zu picken und Erfolgsrezepte zu adaptieren. Also bitte nicht in der dunklen, engen Kammer heimlich nach etwas suchen, das noch nie da war, sondern lieber die erfolgreiche süße Nascherei für etwas völlig anderes nutzen! Schauen Sie bewusster auf die Dinge um sich herum, realisieren Sie, was warum wo ist – und wo es noch sein könnte. Ob ein Tassenhenkel, ein Klettverschluss oder eine Sollbruchstelle: Wo könnte die Funktion noch sinnvoll, nötig oder lustig sein?

### Innovationen nach dem Toffifee-Prinzip

- Skihersteller nutzen die Instrumentenbautechnik für ein verbessertes Schwingungsverhalten.
- Autobauer nutzen Joysticktechnologien aus der Chirurgie für die Bedienung der Bordinstrumente.
- Nähmaschinenhersteller nutzen die Geschwindigkeitsanpassung von Computermäusen für ihre Anfänger-Nähmaschinen.
- Suppenanbieter haben in der Ölförderung die perfekten Öffnungs- und Ausgießmechanismen gefunden.

# Die Inspirations-
# Verschreibungspflicht

Innovative Ergebnisse werden meistens von Menschen erzeugt, die nicht nur über ein hervorragendes Fachwissen, sondern außerdem über eine neugierige, fast schon verspielte Attitüde verfügen. Das ist wissenschaftlich belegt. Innovatoren interessieren sich für vielfältige Themen, die auch fernab ihres eigentlichen Tätigkeitsfelds liegen können. Wer sich vielseitig inspirieren lässt, der sieht mehr Lösungsmöglichkeiten und kommt auf ungewöhnlichere Ideen. Es gibt auch Menschen, die Inspiration durch das Einnehmen bestimmter Pillen oder sonstiger Drogen zu erlangen versuchen. Davon rate ich ab. Ich empfehle Ihnen jedoch, sich Inspiration systematisch zu verschreiben.

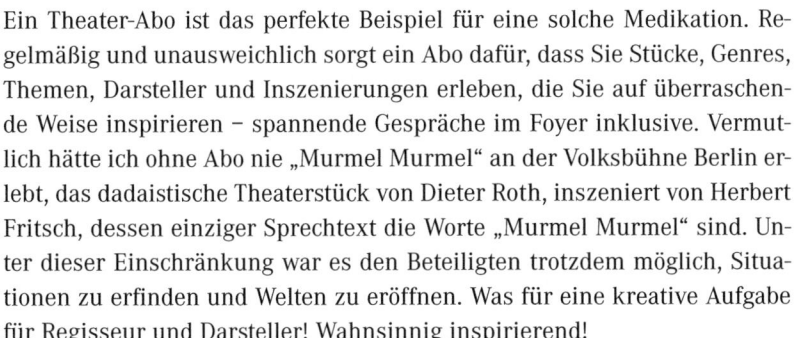

Ein Theater-Abo ist das perfekte Beispiel für eine solche Medikation. Regelmäßig und unausweichlich sorgt ein Abo dafür, dass Sie Stücke, Genres, Themen, Darsteller und Inszenierungen erleben, die Sie auf überraschende Weise inspirieren – spannende Gespräche im Foyer inklusive. Vermutlich hätte ich ohne Abo nie „Murmel Murmel" an der Volksbühne Berlin erlebt, das dadaistische Theaterstück von Dieter Roth, inszeniert von Herbert Fritsch, dessen einziger Sprechtext die Worte „Murmel Murmel" sind. Unter dieser Einschränkung war es den Beteiligten trotzdem möglich, Situationen zu erfinden und Welten zu eröffnen. Was für eine kreative Aufgabe für Regisseur und Darsteller! Wahnsinnig inspirierend!

Es gibt viele Möglichkeiten für regelmäßige Inspiration: Einmal monatlich ein Museumsbesuch – nicht nur alte Meister, sondern auch das Ziegelsteinmuseum. Einmal jährlich der Besuch einer Messe aus einer Branche, mit der Sie sonst nichts am Hut haben – wenn Sie auf einer Agrarmesse ins Führerhaus eines Mähdreschers krabbeln, erweitert das durchaus Ihren Horizont. Einmal täglich einen Link anklicken, der Sie eigentlich überhaupt nicht interessiert – oft tut er es dann doch. Und nicht zu vergessen und besonders wirksam: zwei- bis dreimal pro Woche in diesem Buch herumblättern.

 **Verschreiben Sie sich Inspiration. Wer regelmäßig neue Eindrücke zu sich nimmt, kommt schneller auf bessere Ideen!**

# Die vielseitige „Wie noch?"-Frage

Man glaubt es kaum, aber auch kreative Menschen haben Gewohnheiten: kreative Gewohnheiten. Eine der besten kreativen Gewohnheiten ist diese Frage an sich selbst „Wie noch ...?". Wie noch kann ich den Tisch decken? Wie noch kann ich meinen Partner überraschen? Wie noch kann ich meine Rede eröffnen? Wie noch kann meine berufliche Zukunft aussehen?

Mit dieser „Wie noch?"-Frage zwingen Sie sich dazu, in jeder Situation Ihres Lebens mehr Alternativen zu sehen oder zu finden, als Ihnen spontan zur Verfügung stehen. Und wenn Sie mehr Alternativen haben, dann treffen Sie am Ende auch bessere Entscheidungen.

Übrigens: Die „Wie noch?"-Frage wird auch von vielen erfolgreichen Führungskräften gegenüber ihren Mitarbeitern eingesetzt: Wie noch könnte das neue Produkt heißen? Wie noch könnten wir Kosten reduzieren? Wie noch könnten wir unsere Kunden erreichen? Mit der „Wie noch?"-Frage motivieren Sie nicht nur sich selbst, sondern auch andere Menschen, nach neuen Wegen zu suchen. Probieren Sie's aus!

**Mit der „Wie noch?"-Frage kreativer im Job**

- Wie noch komme ich zur Arbeit außer auf dem gewohnten Weg?
- Wie noch kann ich mich weiterbilden oder inspirieren lassen?
- Wie noch kann ich meine Mittagspause verbringen?
- Wie noch kann ich mich im Unternehmen vernetzen?
- Wie noch kann ich meine Ergebnisse sichtbarer machen?

# Die verblüffende Plattenbau-Perspektive

In Berlin gibt es ein paar Straßen, da haben Sie auf der einen Seite attraktive Altbauten, auf der anderen Seite Plattenbau. Stellen wir uns vor, Sie sind auf Wohnungssuche. Wenn Sie in eine teure Altbauwohnung ziehen und aus dem Fenster schauen, sehen Sie nichts als: hässliche Platte. Aber wenn Sie in die günstigere Platte ziehen und aus dem Fenster schauen, dann sehen Sie: traumschönen Altbau.

Das Leben kann ganz unterschiedlich sein, je nachdem, von welcher Seite aus Sie es betrachten. Kreative Menschen sind in der Lage, mental die Straßenseite zu wechseln, und das ist häufig der erste Schritt zu mehr Zufriedenheit. Es ist am Ende Ihre persönliche Entscheidung, wie Sie die Dinge des Lebens wahrnehmen und wertschätzen! Eine dieser Entscheidungen lautet: Ist mir Zeit mehr wert als Geld, und will ich in Ruhe genießen? Oder will ich mir Druck machen, um viel zu besitzen?

Die Perspektive wechseln, das hat übrigens wirklich viel mit dem Ort zu tun. Probieren Sie es aus: Wechseln Sie im Alltag einfach mal den Sitzplatz am Tisch oder wählen Sie eine neue Strecke für Ihren Spaziergang. Im Job könnten Sie Ihre Meetings an einem anderen Ort abhalten. Nicht ohne Grund sind Menschen, die viel reisen und Zeit im Ausland verbringen, nachweislich kreativer. Neue Orte bringen Sie auf neue Ideen!

**Fünf Möglichkeiten für einen Perspektivwechsel**

- Denken und fühlen Sie sich in Ihre Kunden hinein.
- Betrachten Sie die Gegenwart aus der Zukunft.
- Sehen Sie die Sache wie Pippi Langstrumpf.
- Fragen Sie drei Kollegen nach deren Sichtweise.
- Legen Sie sich unter Ihren Schreibtisch.

# Der Herzlich-lächeln-Tipp

Ob Sie mit einem Lächeln oder mit einem skeptischen Blick in ein Gespräch gehen, und ob Sie dann Herz zeigen oder Kante, das entscheiden Sie selbst. Meine Empfehlung: Lächeln Sie, und zeigen Sie Herz! Verbindlichkeit heißt so, weil sie verbindet. Und nur wo Menschen sich verbunden fühlen, kann ein wertvoller Austausch von Gedanken und Erfahrungen stattfinden. Der Austausch von Gedanken und Erfahrungen ist für neue Ideen so wichtig wie ein Sommerregen für die Ernte. Herzlichkeit und Lächeln sind zwei ganz einfache, aber fundamentale Tools für die kreative Kommunikation. Und falls Ihr Gegenüber diese Tools nicht verwendet: dann erst recht!

# Die Ideen-Teufels-Austreibung

Immer wenn eine Freundin etwas nicht finden konnte, sagte deren Großmutter: „Der Teufel sitzt drauf, deshalb kannst du es gerade nicht sehen. Lenke ihn ab, dann geht er weg, und es taucht wieder auf." Und so war es auch: Kaum hatte sie sich mit etwas anderem beschäftigt und aufgehört, das Objekt der Begierde zu suchen, war es plötzlich wieder da. Nicht selten an dem Ort, an dem sie schon zigmal nachgeschaut hatte.

Dieses Phänomen ist auch bei Ideen bekannt: Sie sind da, sie liegen vor uns, aber wir sehen sie nicht – so wie wir manchmal den Wald vor lauter Bäumen nicht sehen. Auch hier scheint der Teufel im Spiel zu sein. Er verstellt uns den Blick auf das manchmal Offensichtliche. Wenn Sie also auf Ideensuche nicht weiterkommen, dann vertreiben Sie zunächst das gesamte Teufelspack. Dabei helfen Ihnen die folgenden, sehr praktischen Maßnahmen:

Hängen Sie spontan ein paar Bilder um, verschieben Sie Möbel, räumen Sie Regale um – das verwirrt den Teufel. Hören Sie laut ein neues Lied, tanzen Sie dabei durch die Wohnung, und singen Sie einen fiktiven Text – des Teufels bester Kumpel, der zynische Langweiler, wird es hassen! Krabbeln Sie auf allen vieren herum, und erfahren Sie, wie ein Hund oder eine Katze die Umgebung wahrnimmt – das Gewohnheitstier wird schnell verschwinden! Nehmen Sie lange Liegengebliebenes mit knapper Deadline in Angriff: Räumen Sie Ihren Desktop in zwei Minuten auf, putzen Sie in fünf Minuten das Bad, sehen Sie in drei Minuten Rechnungen durch – und irritieren Sie damit den Bremser. Denken Sie sich ad hoc ein paar witzige Tschakka-Rufe aus, und rufen Sie diese wiederholt und laut durch die Wohnung – der Killerphrasendrescher wird durchdrehen!

 **Häufig sind Ideen zum Greifen nahe, aber wir sehen sie nicht. Etwas Ablenkung kann die Augen öffnen.**

# Der Frodslekcots-Dreher

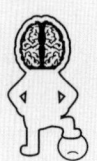

Leahcim, Ennasus, Slein. Ich wette, dass Sie als Kind Ihren Namen rückwärts gesprochen haben. Das ist der große kreative Luxus, den sich Kinder leisten: Scheinbar Sinnloses auszuprobieren und mit Worten und Bedeutungen zu spielen, ohne auf ein Ergebnis zu schielen – im reinsten Sinne intrinsisch motiviert. Als Erwachsene haben wir uns das abgewöhnt – und sollten damit dringend wieder loslegen!

Ich hatte mein Schlüsselerlebnis als kleiner Junge, als ich mit dem Schulbus am Ortsschild meines Heimatdorfes vorbeigefahren bin. Ich komme aus Stockelsdorf, auch bekannt als eine Abfahrt der A1 in der Höhe von Lübeck, und Stockelsdorf rückwärts heißt „Frodslekcots". Das klingt lustig und macht noch lustigere Bilder im Kopf, oder? Frodslekcots war mein erstes Wort rückwärts. Und seit diesem Moment liebe ich es, Wörter und Sätze umzudrehen. Ich habe aus dieser Leidenschaft sogar einen Showact gemacht, mit dem ich um die ganze Welt reise. Und ich möchte Sie einladen, auch mal wieder aus Spaß rückwärts zu sprechen. Es gibt übrigens tolle Apps, die Ihnen das Gebabbel sofort umdrehen und andersherum vorspielen. Rückwärtssprechen ist ein gutes Beispiel dafür, wie man beim Denken die Richtung wechselt – und etwas Neues entdeckt.

Lesen Sie täglich ein paar Worte rückwärts. Zum Beispiel die Headlines Ihrer Tageszeitung, Schilder beim Spazierengehen oder die Namen von Freunden. Sie werden regelmäßig überraschende Bedeutungen und klangvolle Wortneuschöpfungen entdecken: Aus Berlin wird Nilreb, aus Marlboro wird Oroblram und aus dem Publikum wird das Mukilbup.

# Die heiteren Gescheiterten

Das Silicon Valley hat bekanntlich seine ganz eigene Start-up-Kultur. Was dabei besonders heraussticht, ist die Anerkennung des Scheiterns: Unternehmer, die nach Misserfolgen mit neuen Ideen wiederkommen, werden mit offenen Armen empfangen. Wenn Sie schon einmal so richtig gescheitert sind, haben Sie sogar bessere Chancen, Investoren zu finden. Und da wir im Silicon Valley von nicht unerheblichen Beträgen reden, stellt sich die Frage, warum das so ist. Die Antwort leuchtet unmittelbar ein:

Wer sich schon einmal eine blutige Nase geholt hat, wird das in Zukunft vermeiden. Gescheiterte Unternehmer sind hingefallen, aber vor allem wieder aufgestanden. Sie haben Erfahrungen gemacht und werden gewisse Fehler nicht wiederholen. Die Statistik zeigt: Der Weg zum Erfolg wird häufig über den Umweg des Misserfolgs gefunden. Fazit: Aus der Erfahrung von Fehlern lässt sich – im wahrsten Sinne des Wortes – reich schöpfen!

So langsam hat das Fehlervertuschen auch bei uns ein Ende: Auf den „FuckUp Nights" – mehr unter www.fuckupnights.com – in Berlin, Stuttgart, Köln und vielen weiteren Städten berichten Unternehmer ganz offen von ihrem Scheitern, was sie daraus gelernt haben und wie man weitermacht. Auch wenn bei diesen Events viel gelacht wird: Schadenfreude gibt es nicht, nur die Lust am ehrlichen Umgang mit einer der natürlichsten Sachen der Welt.

### Über den positiven Umgang mit dem Scheitern

- Riskieren Sie etwas, und holen Sie sich eine blutige Nase.
- Schöpfen Sie reich aus der Erfahrung Ihrer Fehler.
- Sprechen Sie übers Scheitern und seien Sie neugierig.
- Besuchen Sie eine FuckUp Night.

# Das Killerphrasen-Zeitreise-Spiel

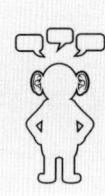

Wenn wir neue Ideen entwickeln, brauchen wir Feedback. Trotzdem hält uns oft eine innere Stimme zurück, nach Feedback zu fragen. Mit jeder Einladung zum Feedback gehen wir natürlich auch das Risiko ein, harsche Kritik zu ernten – oder eine der berüchtigten Killerphrasen um die Ohren gehauen zu bekommen. Das ist alles andere als motivierend. Nehmen Sie sich vor, dass harsche Kritik und Killerphrasen zukünftig an Ihnen abprallen. Das gelingt leichter, wenn Sie sich dieser Herausforderung spielerisch nähern:

Ganz nach dem Motto „Kenne deinen Feind!" können Sie mit Kollegen oder Freunden das Killerphrasen-Zeitreise-Spiel spielen: Jeder Mitspieler nennt eine Idee und die anderen zerreißen diese dann gezielt in der Luft. Dadurch gewöhnen Sie sich an die Konfrontation mit solchen Aussagen. Nehmen Sie auch einmal selbst die Rolle des „Killers" ein, um zu spüren, wie es ist, alles Neue abzuschmettern. Der Clou: Sie spielen das Spiel mit Ideen, die längst erfolgreich auf dem Markt sind. Dadurch werden Killerphrasen und Totschlagargumente enttarnt und der Lächerlichkeit preisgegeben.

**Beispiel Smartphone:** „Ich möchte ein Telefon entwickeln, mit dem die Leute spielen, schreiben, surfen, Musik hören, Fotos machen und Filme schauen können." Killerargumente: „Wozu denn? Die Leute sitzen doch zur Genüge am Computer. Und niemand will in einer ruckelnden Bahn auf einem kleinen Bildschirm Filme schauen, das ist Quatsch!"

**Beispiel Reißverschluss:** „Ich möchte eine Alternative zu Knöpfen entwickeln. Meine Knöpfe liegen so dicht beieinander, dass praktisch keine Lücken entstehen. Sie können alle mit einem Zug geschlossen und geöffnet werden." Killerargumente: „Als wenn die Leute keine Zeit hätten, ein paar Knöpfe zuzumachen. Außerdem würde das total albern aussehen, eine Leiste am Pulli. Vergiss es!"

# Ein kleiner Rückbesinnungsmoment

Was eigentlich hat Kreativität mit Ihren persönlichen Zielen zu tun? Eine ganze Menge. Sie brauchen Ideen und Einfälle, um Ihre persönlichen Ziele zu erreichen. Zumindest dann, wenn Sie einzigartige, visionäre Ziele verfolgen. Es gibt natürlich auch 08/15-Ziele, für die Sie nicht die Bohne kreativ sein müssen. Wenn Sie mit einem Standardjob, einer durchschnittlichen Beziehung und einem Hobby aus dem Hobbymarkt zufrieden sind, dann ist das auch in Ordnung. Aber dann halten Sie das falsche Buch in Händen.

Meine Beobachtung ist: Es gibt viele Menschen, die passen ihre persönlichen Ziele – und zwar schleichend und ohne es zu merken – den äußeren Umständen an, dem Machbaren. Der Anspruch sinkt, damit die Zufriedenheit steigt. Die Zufriedenheit steigt jedoch nur vordergründig. Es bleibt das Gefühl, Träume aufgegeben und schlummernde Talente nicht geweckt zu haben. Diese Menschen gehen den berühmten „Weg des geringsten Widerstands". Eigentlich schade. Es ist natürlich viel aufregender, mit eigenen Ideen den ganz eigenen Weg zu gehen.

Wenn Sie also wieder einmal das Gefühl haben: „Ist doch egal, ob ich ein bisschen kreativer bin oder nicht", dann gönnen Sie sich einen kleinen Rückbesinnungsmoment. Fragen Sie sich: „Was waren meine Ziele? Was waren meine Träume? Was wollte ich erreichen?" Und schon haben Sie wieder viele gute Gründe, auf Ideensuche zu gehen und Ihre kreativen Fähigkeiten zu entwickeln und zu nutzen.

 **Geben Sie nie Ziele auf, nur weil Sie den Weg nicht sehen.**

# Die Auszeit-Einfalls-Korrelation

„Ich brauche mal eine Auszeit!" Das sagen Menschen, die mehr Probleme als Lösungen vor Augen haben, die vor lauter Stress kein Land mehr sehen und keine rechte Freude mehr im Alltag empfinden. In eine solche Situation gerät man schnell, wenn man die vier Phasen des kreativen Prozesses – Präparation, Inkubation, Illumination und Verifikation – nicht vollständig durchlebt, sondern bei der Präparation hängenbleibt. Die Präparation ist die Beschäftigung mit dem Problem in allen seinen Facetten, quasi die „Auftragsannahme" des kreativen Prozesses. Wenn wir mit Aufträgen überschüttet werden, dann bleibt keine Zeit und keine Ruhe für die Inkubation, für das Heranreifen einer Lösung. Einfälle brauchen Auszeiten!

Vor allem Menschen, die ihr Lebensziel als Ganzes neu ausrichten wollen, sollten sich Auszeiten nehmen. Deutschlands führender Persönlichkeitstrainer, mein Freund und Kollege Cristián Gálvez, nennt dies als wichtige Voraussetzung, um den eigenen Lebensruf zu hören. In seinem inspirierenden Buch „Logbuch für Helden" geht er der Frage nach, wie erfolgreiche und erfüllte Menschen denken, fühlen und handeln. Er traf Olympiasieger, Unternehmer, Kreative, Priester, Aussteiger und viele andere Persönlichkeiten, die ihren Weg gefunden haben. Und bei allen ausgewählten Persönlichkeiten zeigte sich eine erstaunliche Gemeinsamkeit: Alle brauchten Zeit, kreative Auszeit, um den Ruf zu ihrer persönlichen Heldenreise zu vernehmen. So schreibt er: „Erst in der Ruhe finden Menschen den Raum für neue Gedanken. Gedankenverloren bedeutet insofern häufig Gedanken gewonnen."

Nehmen Sie sich im Alltag regelmäßig Auszeiten. Sie brauchen diese Zeiten, um Ihre Gedanken auf Wanderschaft – und damit auf den Weg zur Lösung eines Problems – zu schicken. Um Ihre großen Lebensziele neu auszurichten, um Ihren persönlichen Ruf zu hören, braucht es längere und konsequentere Auszeiten – zum Beispiel ein mehrwöchiges Sabbatical.

# Das Löcher-Gleichnis von Edward de Bono

Kennen Sie den Kreativguru Edward de Bono? Er hat die berühmte „Sechs-Hüte-Methode" und das laterale Denken erfunden. In einem Seminar habe ich ihn folgenden schlauen Satz sagen hören: „Sie können nicht ein neues Loch buddeln, indem Sie ein altes Loch tiefer buddeln." Der Mann hat recht. Wie oft bemühen wir uns, etwas Neues zu schaffen, bewegen uns aber in Wirklichkeit gar nicht von der Stelle. Wir sind so sehr mit dem alltäglichen Buddeln beschäftigt, dass wir gar nicht überlegen, ob wir gerade am richtigen Ort buddeln. Vielleicht wäre unsere Energie ganz woanders viel besser investiert!

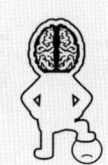

Auch Unternehmen buddeln Löcher. Und beim Versuch, immer und immer effizienter zu buddeln, verpassen sie den Moment, innezuhalten und neue Wege einzuschlagen. Sie verpassen den Moment, dort einen Spatenstich zu wagen, wo es in Zukunft viel effektiver sein könnte. Kodak zum Beispiel hat das alte Loch der analogen Fotografie viel zu lange gebuddelt, statt das neue Loch der digitalen Fotografie auszuheben.

Seit meiner Begegnung mit Edward de Bono habe ich mir angewöhnt, am Anfang einer Bürowoche auf meine To-do-Liste zu schauen und konsequent ein paar „alte Löcher" durchzustreichen. Ganz nach dem Motto: Weg mit den Aufgaben, die viel Energie kosten und wenig bringen. Seitdem habe ich Luft, nach „neuen Löchern" Ausschau zu halten.

 **Stellen Sie beim Buddeln häufiger den Spaten zur Seite, und schauen Sie sich in Ruhe um. Buddeln Sie an der richtigen Stelle?**

# Das „Fake it till you make it"-Prinzip

In den USA gehen viele Unternehmer im digitalen Sektor nach diesem Prinzip vor, wenn es um Innovationen, mögliches Kundeninteresse und potenziellen Umsatz geht: „Fake it till you make it!" Das bedeutet: Anstatt eine coole Idee bis ins letzte Detail auszuarbeiten, wird einfach nur so getan, als sei das schon längst geschehen. Der Unternehmer geht ohne fertiges Produkt auf den Markt. Die Entwicklung ist teuer und riskant. Erst wenn sich der Erfolg am Markt abzeichnet, wird nachgezogen.

So hat beispielsweise „Dropbox" zunächst nur seine Webseite ins Netz gestellt und abgewartet, ob ein Interesse besteht und ob sich die Realisierung der Idee tatsächlich lohnt. Als die Nachfrage absehbar war, wurden die potenziellen Kunden für einige Zeit vertröstet und das „gefakte Produkt" schnell umgesetzt.

Nutzen auch Sie dieses Prinzip, wenn es um Ihre Ideen geht. Tun Sie einfach so, als sei die Umsetzung bereits weit fortgeschritten. Dann erscheint eine Idee viel greifbarer und begehrenswerter – und entwickelt die gewünschte Anziehungskraft. Okay, Sie müssen ein bisschen flunkern und auch mal eine gewagte Behauptung aufstellen, aber es lohnt sich. Stellen Sie Ihre „Innovation" besonders anschaulich und ohne Konjunktive dar. Je dreister, desto erfolgreicher. Sie werden weniger Killerphrasen hören, mehr Interesse erfahren, sich selbst weniger angreifbar fühlen – und schneller am Ziel sein.

**Beispiel für eine „Fake it till you make it"-Kommunikation**

Richtig: „Ich habe neue Rollerblades erfunden, die Energie speichern können. Du kannst unterwegs dein Handy damit aufladen. Meine Familie verwendet sie schon. Und ein Inkubator aus Hamburg unterstützt mich bei der Vermarktung. Willst du dir schon jetzt ein Paar sichern? Wir nehmen unverbindliche Bestellungen entgegen. Du gehörst dann zu den First Movern auf deinen Blades!"

Falsch: „Ich habe da so eine Idee für Rollerblades, die Energie speichern. Man könnte sein Handy damit aufladen. Ich könnte mir vorstellen, dass sich Leute dafür interessieren. Vielleicht finde ich sogar einen Inkubator. Wie findest du die Idee? Fährst du überhaupt Rollerblades?"

# Das Dummschwätzer-Pech

Statt eines praktischen Tipps kommt auf dieser Seite jetzt etwas Theorie. Kann ja auch nicht schaden. In ihrem Buch „Creativity in Context", das als Meilenstein gilt, hat die Harvard-Professorin Teresa M. Amabile herausgearbeitet, dass es drei Voraussetzungen für die ganz praktische Kreativität im Alltag gibt. Sie nennt dieses Modell „The Three Components of Creativity".

Erste Voraussetzung: Wissen. Wer nichts weiß, kann auch nichts Neues hervorbringen. Also Pech für alle Dummschwätzer. Gefragt sind solide Kenntnisse und Fähigkeiten in dem Fachgebiet, um das es geht. Diese Voraussetzung müssen Sie sich selbst schaffen, da kann ich Ihnen nicht helfen.

Ganz anders bei der zweiten Voraussetzung: kreative Methodik – also die Fähigkeit, Wissen zu bearbeiten, zu verändern und neu zu verknüpfen. Hierzu finden Sie in diesem Buch eine ganze Wundertüte voller Tipps, Erfahrungen und Inspirationen.

Und drittens: Motivation! Sie brauchen immer eine konkrete Motivation, bevor Ihr kreatives Genie aus dem Halbschlaf erwacht und Glanzleistungen vollbringt. Mehr zum Thema Motivation erfahren Sie auf allen Seiten dieses Buchs, die das Ziel-Piktogramm zeigen.

Wenn Sie kreativ sein wollen, dann schauen Sie als Allererstes, was Sie motiviert! Was sind Ihre Ziele und Wünsche? Eignen Sie sich im nächsten Schritt das notwendige Wissen und Können an. Und wenn Sie dann noch ein paar kreative Denktechniken anwenden, steht der kreativen Meisterleistung nichts mehr im Wege.

# Der Rapid-Eye-Movement-Effekt

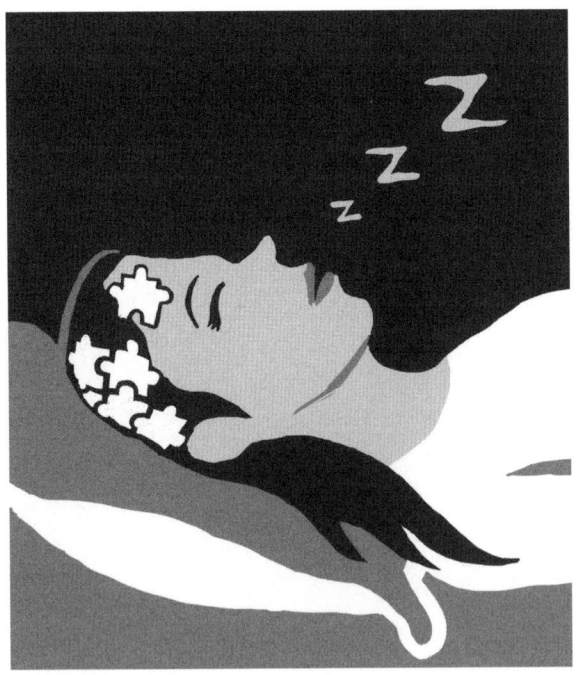

Wenn Sie eine harte Nuss zu knacken haben, dann machen Sie doch erst einmal ein kleines Schläfchen. Keinen Tiefschlaf, sondern einen REM-Schlaf, einen Rapid-Eye-Movement-Schlaf. In dieser Phase des Schlafens sind unsere Träume besonders lebendig, gefühlsbeladen und bildhaft. Auch wenn die Hirnforschung Träume für mehr oder weniger zufällige Neuronengewitter hält, ist ja gern auch mal ein Geistesblitz dabei – vor allem dann, wenn Sie sich vor dem Schlafen intensiv mit einem Thema beschäftigt haben. Nutzen Sie also den Schlaf als Inkubationsphase, Sie könnten mit einer Illumination belohnt werden. So erging es zum Beispiel dem Chemiker Friedrich August Kekulé, der das Benzolmolekül sozusagen im Halbschlaf erfunden hat. Ihm erschien eine Schlange, die sich selbst in den Schwanz biss. Diese Ringstruktur war die Lösung für das gesuchte Molekül. Sie dürfen also gespannt sein, wer in Ihren Träumen wen wohin beißt und auf welche Idee Sie dadurch kommen.

# Der beknackte Klopapier-Test

Menschen lieben Tests, die etwas über die Persönlichkeit aussagen und Antworten auf diverse Fragen geben sollen: Wie intelligent sind Sie? Wie fit sind Sie? Was für ein Typ sind Sie? Sie können aber auch testen, wie kreativ Sie sind, zum Beispiel mit dem sogenannten „Unusual Uses Test". Sinngemäß übersetzt: der Test der ungewöhnlichen Verwendungen. Die Aufgabe besteht darin, für einen gewöhnlichen Gegenstand möglichst viele ungewöhnliche Verwendungen zu erfinden. Was kann man noch machen mit einer Büroklammer, außer Papier zusammenzuklammern? Was kann man noch machen mit einem Quadratmeter Alufolie, außer Lebensmittel einzuwickeln? Was kann man noch machen mit einer Rolle Klopapier, außer ... Sie wissen schon!

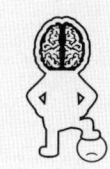

Probieren Sie es aus: Wählen Sie irgendeinen Alltagsgegenstand, und schreiben Sie in 120 Sekunden möglichst viele ungewöhnliche Verwendungen auf. Ihnen fällt übrigens schneller etwas ein, wenn Sie sich den Gegenstand in anderen Umgebungen vorstellen. Eine Kokosnuss auf dem Sportplatz? Wird zum Fußball! Besonders viel Spaß macht das Ganze als Spiel im Familien- oder Freundeskreis. Sie finden dann schnell heraus, wer der kreativste Querdenker ist.

### Kreative Verwendungen für eine Rolle Klopapier

- Ausrollen und einen Parkplatz markieren
- Jemanden als Mumie einwickeln
- Als Notizzettel zum Abreißen verwenden
- Als Grillanzünder benutzen
- Mit Absicht ein Rohr verstopfen
- Als Schmuck über den Tannenbaum hängen
- Völkerball spielen
- Mülleimerzielwerfen
- Und vieles mehr…

# Das Handarbeits-Glücksgefühl

Wir benutzen unsere Hände, um über Touchscreens zu wischen und um auf Tastaturen herumzuhacken. Wir müssen keinen Schlüssel mehr ins Schloss stecken und umdrehen, um eine Autotür zu öffnen. Und wir hacken kein Holz mehr, um Feuer im Kamin zu machen, sondern regeln die Induktionsplatte unseres Küchenherds digital auf Volldampf. Ohne jede Mühe. Das alles ist komfortabel – macht aber unglücklich. Denn im Grunde lieben wir es, alle Hände voll zu tun zu haben, und zwar im wahrsten Sinne des Wortes.

Etwas mit den eigenen Händen herzustellen, zu gestalten, zu erschaffen, ist ein Grundbedürfnis. Wer die Hände benutzt, um seinen Ideen auf die Welt zu verhelfen, verspürt Freude und Stolz, das Gefühl der Bedeutung und der Wirksamkeit, Zufriedenheit und Glück. Sogar Stress und Ängste werden durch manuelle Tätigkeiten abgebaut. Den eigenen Händen beim Erschaffen und Gestalten zuzusehen, die Zeit zu vergessen und sich im kreativen Prozess zu verlieren – das ist ein wunderbares Gefühl. Die Hände sind ein tolles Werkzeug für die Verwandlung eines Gedankens in ein Stück echte Welt.

Schnitzen Sie, nähen Sie, kneten Sie, schrauben und experimentieren Sie, fühlen und tasten Sie. Statt über Kunsthandwerk zu staunen, können Sie Workshops belegen und selbst kreativ tätig werden. Meine persönliche Empfehlung ist der Workshop in der Königlichen Porzellan-Manufaktur Berlin, 1763 gegründet von Friedrich dem Großen. Wenn man selbst so einen kleinen Friedrich den Großen mit den Händen formen durfte, dann weiß man Handarbeit wieder zu schätzen.

### Lieblingstätigkeiten für die Hände

- Schattenspiel mit dem Videobeamer
- Strandburgen bauen mit Blumentopferde
- Kastanienfiguren mit Streichhölzern produzieren
- Eine Münze über die Finger rollen lassen
- Kunstwerke aus Seife schnitzen

# Die Kreativ-im-Job-Blitzumfrage

Was andere Menschen kreativ im Job machen, könnte auch für Sie spannend und hilfreich sein. In meinem Newsletter, dem „Kreativbrief", habe ich eine Blitzumfrage durchgeführt. Ich wollte wissen: „Was muss in Ihrem Job passieren, damit Sie besonders kreativ drauflossprudeln?" Mich hat die Vielseitigkeit der Antworten beeindruckt. Es sind offensichtlich sehr unterschiedliche Situationen und Ereignisse, die Menschen zur Kreativität anregen. Hier eine Auswahl als Inspiration:

„Ich benötige offene und begeisterungsfähige Menschen. Das regt mich an. Und dann kann ich wiederum andere anregen."

„Wir haben große Baustellen. Und wenn wir die nicht lösen, gibt es den Job vielleicht bald nicht mehr. Daher ist es im Moment großer Druck, der zum Kreativsein animiert."

„Es muss den Raum für Ideen geben, also Ideen müssen zugelassen sein – auch wenn sie erst mal unscharf oder absurd erscheinen."

„Wenn ich in meiner inneren Mitte sein kann und meine innere Mitte auch im Unternehmen nicht durch Druck und Stress angegriffen wird."

„In einer lockeren Unternehmenskultur. Und wenn ich scheitern darf im Experimentierfeld."

„Wirklich Zeit für Brainstorming im Team, da entstehen ziemlich schnell tolle Ideen."

„Keine begrenzten Vorgaben, ich muss aus dem Vollen schöpfen können."

„Ruhe, ausgeschlafen sein – und keine Unterbrechungen."

„Wann ich kreativ bin? Ich muss mich richtig ärgern!"

# Der Disco-Anbagger-Effekt

Kreativ sind Menschen vor allem dann, wenn sie ein Ziel vor Augen haben. Das verschafft ihnen die nötige Motivation, um intensiv auf Ideensuche zu gehen. Wir kennen das alle von früher aus der Disco: Je attraktiver das Ziel, umso mutiger die Ideen. Ich nenne das den Disco-Anbagger-Effekt.

Dahinter steckt die Psychologie der Motivation: Unsere Kreativität hängt in hohem Maße davon ab, wie motiviert wir sind. Machen Sie sich deshalb immer wieder klar, was Ihre Ziele sind. Führen Sie sich vor Augen, was diese Ziele attraktiv macht. Und das ist ganz wörtlich gemeint: Visualisieren Sie Ihre Wünsche, entwickeln Sie Sehnsucht und Leidenschaft. Denn nur so entsteht die Motivation, die Ihr kreatives Köpfchen als Treibstoff zum Querdenken braucht. Privat, im Job, und besonders in der Disco.

Übrigens: Wenn Sie außerhalb der Disco Ihre Kommunikation mit dem anderen Geschlecht verbessern und einfallsreicher gestalten wollen, empfehle ich Ihnen das Buch „Respekt!" von René Borbonus. Der Untertitel lautet: „Wie Sie Ansehen bei Freund und Feind gewinnen". Das ist wertvolles Knowhow, gerade für Beziehungen. Mein Freund und Kollege René Borbonus betreibt Rhetorik aus Leidenschaft. Und ich bin sicher: Das ist der Grund für seine vielen guten Ideen.

 **Je attraktiver das Ziel vor Augen, umso mutiger werden die Ideen.**

# Die Große-Wünsche-Geschenkidee

Welche Wünsche und Träume hat Ihr Partner? Welches Land würde er gerne besuchen, welches Museum, welches Theaterstück? Welche kulinarischen Besonderheiten reizen ihn? Von welchem Hobby oder Kunsthandwerk hat er schon einmal mit Leidenschaft gesprochen? Was wollte er schon immer ausprobieren?

Wir können unserem Partner zwar nicht alle Wünsche erfüllen – und alle Sterne vom Himmel holen. Aber wir können unter Beweis stellen, dass wir seine Wünsche wahrnehmen und wertschätzen. Tun Sie das mit kreativen, kleinen Geschenken, die als „Stellvertreter" dienen: Stöbern Sie nach Objekten, die mit dem Lieblingsland Ihres Partners zu tun haben, und basteln Sie eine kleine Box. Sammeln Sie Artikel über seinen Lieblingsautor, und stellen Sie eine kleine Broschüre mit Ihren Rechercheergebnissen zusammen. Suchen Sie internationale Rezepte mit dem Lieblingsgemüse Ihres Partners, und machen Sie daraus ein kreatives Kochbuch; fügen Sie am besten noch ein Mini-Anbau-Set für den eigenen Garten hinzu.

Ebenfalls für Pluspunkte auf dem Beziehungskonto sorgt ein überraschendes Geschenk, das ein Alltagsproblem Ihres Partners löst oder zu einer seiner Gewohnheiten passt: der lautlose Mini-Schlafzimmer-Kühlschrank für den abendlichen kleinen Hunger oder zeituhrgeschaltete Wärmsocken für die kalten Füße am Morgen. In jedem Fall sind Geschenke dann besonders wirkungsvoll, wenn sie nicht an den üblichen Feiertagen gemacht werden, sondern ganz überraschend im Alltag.

 **Kleine kreative Geschenke können auch ganz große Wünsche erfüllen – als symbolische Stellvertreter.**

# Der Neue-Augen-Blick

Marcel Proust sagt: „Die besten Entdeckungsreisen macht man nicht in fremde Länder, sondern indem man die Welt mit neuen Augen betrachtet." Mit „neuen Augen" auf gewohnte Dinge zu schauen, das führt zu neuen Wahrnehmungen und neuen Erkenntnissen. Aber wie funktioniert das: die Welt mit anderen Augen sehen? Nichts einfacher als das. Schließen Sie kurz die Augen, und stellen Sie sich vor, Sie wären nicht Sie selbst, sondern jemand ganz anderes. Was sich zunächst vielleicht etwas fremd anfühlt, das hat Methode: Schauspieler und Coaches zum Beispiel schlüpfen berufsbedingt in Rollen. Sie springen hinein in die Welt und Wahrheit eines anderen Menschen und sehen die Welt mit seinen Augen.

Sind Sie bereit? Stellen Sie sich vor, Sie wären ein 5-jähriges Kind mit Schaufel und Eimer in der Hand. Spazieren Sie durch Ihren Ort. Plötzlich werden Sie Spielplätze und Grünflächen entdecken, die Sie vorher nie wahrgenommen haben. Oder stellen Sie sich vor, Sie wären Tourist in Ihrer eigenen Stadt. Den Pappbecher mit Cappuccino in der Hand, den Fotoapparat vor der Brust, wandern Sie neugierig die Straßen entlang, durch die Sie sonst im Alltag nur hetzen. Plötzlich entdecken Sie kleine Sehenswürdigkeiten, spannende Museen, einladende Cafés und Restaurants. Oder stellen Sie sich vor, Sie würden Ihren Partner – heute Abend – zum allerersten Mal treffen. Plötzlich entdecken Sie ganz neue Seiten an ihm oder ihr. Wenn das gelingt, dann steht Ihnen eine wirklich aufregende Entdeckungsreise bevor.

**Neue Augen-Blicke: Neue Augen auf …**

- … und das Konzert als Dirigent auf dem Podium erleben.
- … und empfinden, was ein Kollege im Teammeeting fühlt.
- … und erkennen, was der Kellner im vollen Restaurant leistet.
- … und sich selbst durch die Zielgerade laufen sehen.
- … und das Problem wie Einstein oder Wickie angehen.
- … und dem anderen zuhören, als wäre es die erste Begegnung.
- … und das Gewohnte plötzlich als ganz neu entdecken.

# Erfrischende Eiscreme-Rhetorik

Mir ist aufgefallen, dass sich auch in großen und seriösen Unternehmen die kreativsten Mitarbeiter immer ein bisschen wie kleine Kinder verhalten. Sie halten sich nicht an Regeln. Sie probieren aus. Sie haben Spaß. Aber vor allem: Sie sprechen manchmal wie kleine Kinder – eine frische und freche Sprache voller Überraschungen. Wer Kindern aufmerksam beim Sprechen zuhört, der stellt fest, dass hinter kindlicher Sprache häufig der kürzeste Weg zu einer schnellen Lösung steckt.

Ich selbst habe vier Geschwister, sechs Schwägerinnen und Schwager und insgesamt 15 kleine Nichten und Neffen. Neulich saßen wir zusammen in großer Runde. Da kommt meine Schwester aus der Küche mit einem Riesentopf Eis und fragt: „Wer will alles Eis?" Antwortet der eine Kleine: „Ich will alles Eis!" Volltreffer! Rhetorisch nicht zu überbieten! Ich bin sicher, der Kleine wird später Unternehmer – weil er beim Denken Abkürzungen nimmt.

Probieren Sie es aus. Hängen Sie ein Schild in Ihren Konferenzraum mit der Aufschrift: regelfreie Zone. Warten Sie, was passiert. Plötzlich wird die Sprache wieder frech und frisch. Plötzlich triggert das Lachen die Laune und den Einfallsreichtum. Spaß haben wie die Kinder, das kann ein Klima der Leichtigkeit verbreiten. Das wissen auch die Trainer, die sich vor allem um Vorstände kümmern. Nicht umsonst raten sie ihnen bei Lampenfieber auf der großen Bühne: Blödeln Sie vor dem Auftritt wie ein Kind.

**Wer kreativer durchs Leben gehen will, der muss wieder denken, spielen und sprechen lernen wie ein Kind.**

# Die Himba-Binturong-Barababaraba-Erleuchtung

Sind Sie neugierig, wie Manta aussieht? Wie sich Bafut anhört? Wie man Ciúb spielt? Haben Sie sich schon einmal gefragt, wie Pelota funktioniert und was ein Binturong ist? Nein? Weil Sie alle diese Begriffe nicht kennen? Dann ändern Sie das! Lassen Sie sich von unserer wunderbaren Welt inspirieren. Denn: Wissen ist nicht nur Macht. Wissen weckt Neugier, schafft mehr Wissen, macht Spaß und kreativ!

Manta ist eine Stadt in Ecuador, Bafut eine Sprache, die in Kamerun gesprochen wird, Ciúb ein Brett-Würfel-Spiel, Pelota ein Rückschlagspiel aus dem Baskenland und Binturong eine Schleichkatze aus Südostasien. Wenn Ihre sonntägliche Zeitungslektüre Sie langweilt, dann starten Sie eigene Recherchen. Nehmen Sie sich ein, zwei Themenfelder vor, und recherchieren Sie alles über ein Land, eine Pflanzenart, einen Autor, eine Kultur, ein Gewürz oder was auch immer. Im Schneeballsystem werden plötzlich Interessen und Ideen in Ihnen entfesselt – und immer neue Fragen nach dem Unbekannten! Hier sind zehn Begriffe, die eine Recherche wert sind: Onomatopoetika, Himba, Pangolin, Surströmming, Boykott, Kryptid, Humoralpathologie, Barababaraba, Obermutten, Towel Day.

### Vier Tipps für die kleine Sonntagsrecherche

- Hängen Sie eine Weltkarte auf und werfen Sie Dartpfeile!
- Schlagen Sie in einer Enzyklopädie willkürlich eine Seite auf!
- Klicken Sie bei Wikipedia auf „Zufälliger Artikel"!
- Googeln Sie Fantasiewörter, die Sie selbst erfinden!

# Das Steve-Jobs-Phänomen

„Wen halten Sie für den kreativsten Menschen aller Zeiten?" Bei dieser Umfrage, die ich regelmäßig auf Veranstaltungen durchführe, wird an erster Stelle – und zwar mit großem Abstand – immer noch Steve Jobs genannt. Dann folgen die bekannten großen Genies und Entdecker. Und erst weit abgeschlagen kommt die Antwort „Ich selbst". Nur der eigene Chef liegt noch ein bisschen weiter hinten.

Was kann man daraus schließen, dass Steve Jobs das Ranking so deutlich anführt? Offensichtlich verbinden wir Innovationsfähigkeit und Kreativität mit Technologie und Markterfolg. Man muss allerdings nicht das iPhone erfinden, um ein kreativer Mensch zu sein. Aus meiner Sicht sind die kleinen Ideen im Alltag genauso wichtig und wertvoll. Und die gute Nachricht lautet: Kreative Fähigkeiten lassen sich erlernen und trainieren. Sie sind gerade dabei, sonst hätten Sie dieses Buch nicht in der Hand. Und deshalb dürfen Sie sich im Ranking der kreativsten Menschen aller Zeiten auch gern ein bisschen weiter vorne platzieren!

**Die kreativsten Menschen aller Zeiten**

1. Steve Jobs
2. Leonardo da Vinci
3. Thomas Alva Edison
4. Albert Einstein
5. Salvador Dalí
9. Jogi Löw
14. Thomas Gottschalk
19. Ich selbst
23. Meine 5-jährige Tochter Laura
31. Mein Chef

(Auszug aus einer Umfrage von Bernhard Wolff
unter 600 Führungskräften im Rahmen eines Vortrags)

# Mentaler Spurenwechsel

Ich hasse es wie die Pest, wenn auf mehrspurigen Autobahnen Autos stur auf der mittleren Spur fahren, stundenlang, ohne den Verkehr rechts und links überhaupt wahrzunehmen. Die Fahrer starren meistens schnurstracks geradeaus, es fehlen nur noch die Scheuklappen. Wer so im Leben unterwegs ist, wer keine Alternativen sehen will und wer das Geschehen rechts und links von ihm ignoriert, der kann einem nur leidtun. Wer dagegen bereit ist, die Spur zu wechseln, einer neuen Idee nachzugehen, sich auf neue Wege zu begeben, der hat es verdient, dass er Ziele erreicht, von denen er bei der Abfahrt nicht zu träumen gewagt hätte.

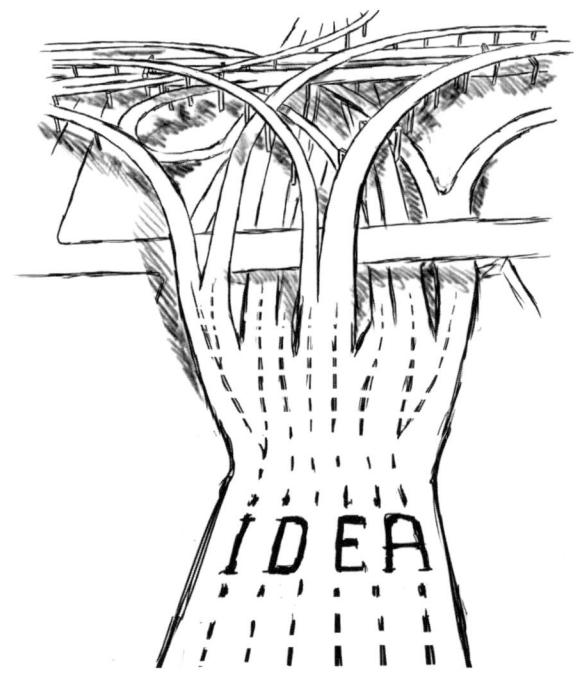

# Die Perfektionisten-Falle

Ich warne Sie: vor der Perfektionisten-Falle! Ich gehe davon aus, dass Sie einigermaßen intelligent sind, analytisch denken können, perfekte Lösungen mögen – und genau deshalb drohen, in diese Falle zu tappen.

Die Perfektionisten-Falle schnappt zu, wenn es in einem Brainstorming um verrückte neue Ideen geht: Der Perfektionist blockiert, schweigt und schwitzt. Perfektionisten sagen lieber intelligente Dinge und schlagen lieber perfekte Lösungen vor, als laut über Blödsinn nachzudenken. Aber genau das ist es, was ein gutes Brainstorming auszeichnet: laut über Blödsinn nachzudenken. Perfektionisten fühlen sich in solchen Situationen äußerst unwohl. Sie mögen es gar nicht, dieses improvisierte „Nur-mal-so-in-die-Tüte-Sprechen". Ihr mentaler Reflex, jede Äußerung sofort zu analysieren und Unvollkommenheiten zu entlarven, steht den Grundregeln des Brainstormens diametral entgegen. Darum versuchen Sie bitte, den Perfektionisten in sich zurückzuhalten, sobald Sie auf Ideensuche gehen. Wer spinnt, gewinnt! Machen Sie den Mund auf. Reden Sie mit. Auch Blödsinn.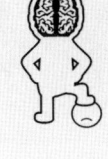

Eines meiner absoluten Lieblingszitate stammt von Nam June Paik, dem 2006 verstorbenen Medien- und Videokünstler. Er bringt es auf den Punkt: „Wenn too perfect, liebe Gott böse!" Das Streben nach Perfektionismus kann unseren schöpferischen Fähigkeiten im Wege stehen.

 **Sie lieben es perfekt? Versuchen Sie etwas weniger perfektionistisch zu sein, dann fällt das Kreativsein leichter.**

# Lernen von Wickie, dem Wikinger

Auch in Sachen Kreativität gilt: Man kann viel von Leuten lernen, die es schon drauf haben. Also suchen Sie sich kreative Vorbilder. Mein persönliches Vorbild ist seit vielen Jahren: Wickie, der Wikinger. Das Tolle an Wickie ist, dass er stets seine gute Laune behält und sich durch nichts von seinen Ideen abbringen lässt. Genau das ist doch im Alltag häufig unser Problem: Wir lassen uns von unseren Ideen zu schnell wieder abbringen, weil uns nicht sofort Begeisterung und Zustimmung entgegenschlagen. Weil wir uns anhören müssen: „Was ist denn das für eine Idee, viel zu teuer, das kann nicht funktionieren ...“

Machen Sie es wie Wickie: Lassen Sie die dummen Sprüche der veränderungsresistenten Kollegen einfach an sich abprallen, bleiben Sie selbstbewusst, und behalten Sie Ihre gute Laune. Nur mit guter Laune können Sie die Menschen um sich herum Stück für Stück von Ihrer Idee überzeugen.

Der kleine innovative Wickie und sein Vater Halvar sind ein Spiegelbild vieler typischer Mitarbeiter und ihrer Chefs. Die Mitarbeiter haben Ideen, aber ihre Chefs sind kritisch und wissen sowieso alles besser. Und wenn Mitarbeiter auf ihre Ideen kein Feedback bekommen oder einfach abgebügelt werden, dann hören sie auf, kreativen Input zu leisten. Dieser Schaden am Innovationsklima lässt sich kaum wieder reparieren. Also Chefs: Ohren auf und Mitarbeiter ermutigen. Dann haben am Ende alle gute Laune.

**Machen Sie es wie Wickie**

- An die eigenen Ideen glauben
- Dumme Sprüche abprallen lassen
- Stets gute Laune behalten
- Schnell mit der Umsetzung loslegen
- Und sich für Erfolge feiern lassen

# Das Zukunfts-Vorhersage-Geheimnis

Heute verrate ich Ihnen ein Geheimnis – ein sehr wertvolles Geheimnis. Ich verrate Ihnen, wie Sie die Zukunft vorhersagen können. Die Zukunft macht uns ja manchmal ein bisschen Angst. Wir wissen nicht, was kommt, was passieren wird, was uns erwartet. Zumindest ab und zu wäre ein Blick in die Zukunft ganz beruhigend, oder?

Und hier kommt das Geheimnis: „Der beste Weg, die Zukunft vorherzusagen, ist, sie selbst zu erfinden." So lautet ein Zitat des US-amerikanischen Informatikers Alan Kay. Ich liebe dieses Zitat. Dahinter steckt die Erkenntnis, dass wir viel mehr Einfluss auf die Zukunft haben, als wir häufig glauben. Sie können heute eine Vorhersage darüber treffen, ob Sie in genau einem Monat in einem grünen VW-Golf durch die Uckermark fahren oder nicht. Ihr Einfluss darauf, ob diese Vorhersage in Erfüllung geht, liegt bei fast 100 Prozent. Aber im Ernst: Die Zukunft ist kein Zufall. Ihre persönliche Zukunft ist das Ergebnis Ihrer Denk- und Verhaltensweisen, Ihres Willens und Ihrer Zielstrebigkeit.

Machen Sie sich ein Bild davon, wie Sie sich Ihre Zukunft wünschen. Wie leben Sie in fünf Jahren? Wie sieht Ihr Alltag aus? Was werden Sie erreicht haben? Mit welchen Menschen werden Sie sich umgeben? An welchem Ort sind Sie zu Hause? Wie verbringen Sie Ihre Freizeit? Was werden Sie rückblickend über die Zeit sagen, in der Sie dieses Buch gelesen haben? Herzlich willkommen im Club der Zukunftserfinder.

**Warten Sie keinen weiteren Tag damit, Ihre Zukunft selbst in die Hand zu nehmen!**

# Der gut organisierte Zuständigkeits-Schlamassel

Fragen Sie in irgendeinem Unternehmen am Empfang: „Entschuldigung, wer ist denn hier für Kreativität zuständig?" Dann sagen die Leute dort: „Oh, da fragen Sie doch mal in der Forschung und Entwicklung." Also machen Sie sich auf den Weg.

Was sagen Ihnen nun die Kittelträger in der Forschung und Entwicklung? „Kreativität, das machen doch diese Spinner im Marketing!" Und was sagen die Spinner aus dem Marketing? „Kreativität, da gibt es gerade so ein Projekt in der Personalabteilung." Und in der Personalabteilung: „Ja, wir haben gerade eine Aktion, bei der jeder seine Ideen in eine Box werfen kann. Und diese Box steht gleich unten am Empfang!" Am Empfang steht tatsächlich einsam und verlassen eine Box – und niemand weiß, wofür die eigentlich gut sein soll. So oder ähnlich wird in vielen Unternehmen die Verantwortung für Mitarbeiterkreativität an Pappkartons oder andere „Ideenmanagementsysteme" delegiert – und das, obwohl es sich um eine der wertvollsten Ressourcen der Zukunft handelt.

Kreativität gehört weder in eine Zettelbox noch in eine bestimmte Abteilung. Erfolgreich sind Unternehmen, bei denen sich alle Mitarbeiter in allen Funktionen und zu jeder Zeit für Ideen und Innovation verantwortlich fühlen – und im besten Fall sogar begeistern.

**Innovation sollte man nicht am Investment für Forschung und Entwicklung festmachen und nicht an der Anzahl der Patente, sondern an der Begeisterung der Mitarbeiter für eigene, kreative Projekte.**

# Die Schwere-Entscheidungs-Losigkeit

Fällt es Ihnen auch manchmal schwer, Entscheidungen zu treffen? Vielleicht weil sich Pro und Kontra die Waage halten? Es gibt einen kleinen Trick, wie Sie trotzdem gute Entscheidungen treffen: Kombinieren Sie Pro und Kontra!

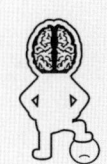

Starten wir mit einem Alltagsbeispiel: Sie überlegen, ob Sie heute Abend noch zum Sport gehen: „ja" oder „nein"? Vieles spricht dafür: Sie wollen fitter werden, Sie treffen Freunde, Sie hatten es sich vorgenommen. Vieles spricht dagegen: Es gießt in Strömen, Sie sind sowieso schon spät dran, Sie haben noch etwas anderes zu erledigen. Was also tun? Pro und Kontra kombinieren: Sie machen Sport, ohne zum Sport zu gehen! Zu Hause! Eine halbe Stunde Bodenübungen auf dem Wohnzimmerteppich. So haben Sie das Pro – die Fitness – mit dem Kontra – wenig Zeit – zu einer praktikablen Lösung kombiniert.

Pro und Kontra kreativ kombinieren, das entschärft auch weitreichendere, schwierige Entscheidungen. Zum Beispiel die Frage: „Soll ich kündigen und mich selbstständig machen?" Gegen die Selbstständigkeit spricht, dass Sie damit Sicherheit und regelmäßiges Einkommen verlieren. Dafür spricht, dass Sie endlich eigene Ideen verwirklichen und selbstbestimmt arbeiten können. Wie könnte die Lösung aussehen? Kombinieren Sie Ihren festen Job und die Selbstständigkeit miteinander. Verhandeln Sie eine Arbeitszeitverkürzung oder ein Sabbatical, und streichen Sie zusätzlich private Termine. In Summe gewinnen Sie genug Zeit, Ihre Selbstständigkeit testweise zu starten und ausreichend Erfahrungen zu sammeln, um später eine finale Entscheidung treffen zu können.

**Eine Entscheidung steht ins Haus? Nicht schwarz-weiß denken. Kein panisches Entweder-oder. Sondern Pro und Kontra kreativ kombinieren!**

# Das fast zufällige Serendipity-Prinzip

Kennen Sie das wunderschöne englische Wort „Serendipity"? Serendipity ist das Glück der unerwarteten Entdeckung. Dieses Glück wird Ihnen zuteil, wenn Sie etwas finden, wonach Sie gar nicht gesucht haben. Man könnte auch sagen: Nicht Sie finden etwas, sondern etwas findet Sie! Wie in so mancher Beziehung.

Die Entdeckung des Penicillins gilt als klassisches Beispiel für dieses Phänomen: Sie erfolgte unerwartet und zufällig, weil der schottische Bakteriologe Alexander Fleming im Jahr 1928 vor seinem Urlaub vergessen hatte, eine verschimmelnde Bakterienkultur aus dem Labor zu räumen. Fleming konnte die Entdeckung nach seinem Urlaub allerdings nur deshalb machen, weil er zuvor intensiv in seinem Labor geforscht hatte. Auch Kolumbus konnte Amerika nur entdecken, weil er sich zuvor auf den Weg gemacht hatte. Auf den Weg gemacht hatten sich im gleichnamigen persischen Märchen auch die „drei Prinzen von Serendip", bevor sie auf ihren Reisen die tollsten Dinge entdeckten. Womit auch gleich die Herkunft des Begriffs geklärt wäre.

Serendipity bedeutet also, dass Sie dem Zufall auf die Sprünge helfen müssen. Sie müssen auf der Suche nach irgendetwas sein, um dann etwas ganz anderes zu finden. Warten Sie nicht darauf, dass die geniale Idee vom Himmel fällt. Brechen Sie auf. Lesen Sie, forschen Sie, diskutieren Sie, probieren Sie aus. Dann werden Sie es irgendwann genießen – das Glück der unerwarteten Entdeckung.

**Serendipity für Dummies: Notieren Sie, für welche drei Probleme Sie gerade eine Lösung suchen. Stecken Sie den Zettel in die Tasche. Brechen Sie auf. Und Sie werden Lösungen finden – wenn auch für ganz andere Probleme.**

# Die Nix-wie-weg-Strategie

Kreativität hat natürliche Feinde. Sie lauern im Hintergrund, bauen sich schlagartig vor uns auf und zerren brutal an unseren Nerven. Sie heißen Stress und Kontrolle. Überall, wo sie Front machen, zieht sich die Kreativität scheu zurück. Sie ist ein kleines Sensibelchen. Sie ist schutzbedürftig und will keinen Konflikt und keine Gefahr. Sie will schweben und braucht Leichtigkeit. Wie also können Sie Stress und Kontrolle entfliehen? Wie können Sie Situationen entkommen, in denen Ihre Kreativität wie ein Häufchen Elend bewegungslos in der Ecke kauert?

Die Devise lautet: Raus aus dem Schlamassel. Und zwar schnell. Das ist fast immer möglich. Sie können einen Augenblick vor die Tür treten, eine kurze Pause im Grünen einlegen, einige Sekunden sich selbst spüren – und so die verrutschte Mitte wiederfinden. Sobald Sie aus dem akuten Stress raus sind, können Sie auch wieder klar denken. Sie sammeln sich in Ruhe und starten dann neu.

Als Vorbereitung auf solche Situationen empfehle ich Ihnen ein „Nix wie weg"-Brainstorming. Die Frage lautet: Mit welcher kleinen Notlüge können Sie einem Meeting oder einer anderen Situation entfliehen, wenn das wirklich dringend nötig ist? Eine mögliche Lösung: Tun Sie einfach so, als hätten Sie eine SMS bekommen, dass bei Ihnen zu Hause ein Rohr gebrochen ist und ein Riesenwasserschaden droht. Jeder wird verstehen, dass Sie kurz den Raum verlassen müssen, um sich darum zu kümmern.

**Wenn Sie negativen Stress haben und die kreative Schockstarre spüren, dann setzen Sie Ihren Körper in Bewegung, und bringen Sie Ihr Hirn in Sicherheit.**

# Die Widerstands-Vorhersage

Es gibt Naturgesetze, auf die können wir uns zu 100 Prozent verlassen. So sicher, wie ein Stein dank der Schwerkraft auf den Boden fällt, so sicher trifft eine Idee bei der Umsetzung auf Widerstände. Widerstände gegen neue Ideen sind ein Naturgesetz. Jeder Mensch, jedes Unternehmen und jedes System wehrt sich gegen das Neue, um das Vorhandene – also sich selbst – zu schützen. Insofern sage ich Ihnen hiermit Widerstand gegen Ihre Ideen voraus.

Die gute Nachricht lautet: Genauso wie Sie die Schwerkraft im Alltag überwinden, genauso können Sie Widerstände gegen Ihre Ideen überwinden. Erich Kästner sagt: „Auch aus Steinen, die dir in den Weg gelegt werden, kannst du etwas Schönes bauen." Und so ist es. Nehmen Sie kritische Blicke und Worte zunächst als Beweis dafür, dass Sie auf dem richtigen Weg sind. Ihr innerer Monolog dazu lautet: „Ihr schaut so herrlich kritisch und versucht so vehement, mich von meiner Idee abzubringen, dass ich offensichtlich einen Volltreffer gelandet habe!"

Dann hören Sie sich, entspannt und in aller Ruhe, die Kritikpunkte an. Hinter allem, was die Widerständler äußern, könnte durchaus eine wichtige Information oder ein konstruktiver Gedanke stecken. Bleiben Sie höflich, zeigen Sie Verständnis, aber halten Sie an Ihrer Idee fest. Widerstand ist der Wegbegleiter der Querdenker und Innovatoren. Und der Weg des geringsten Widerstands ist nur am Anfang attraktiv. In Wahrheit ist er langweilig und ideenlos, reserviert für die Angepassten und Uninspirierten.

**Widerstand ist keine Gefahr für eine Idee, sondern deren eigentliche Bestätigung.**

# Verrückte Eselsbrückenkrücken

Wer nämlich mit „h" schreibt, ist dämlich. Und wer brauchen ohne „zu" gebraucht, braucht brauchen gar nicht zu gebrauchen. Eselsbrücken sind eine wunderbare Methode, das Auswendiglernen zu erleichtern. Sieben, fünf, drei, Rom schlüpft aus dem Ei. Der Reim verbindet die abstrakte Jahreszahl mit dem konkreten Ereignis. Getreu dem Motto: „Machst du aus der Zahl 'nen Reim, fällt's dem Vergessen nicht anheim!"

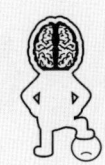

Richtig kreativ aber sind Eselsbrücken, die Sie sich selbst bauen. Zahlenfolgen lassen sich in Begriffe verwandeln und zu Geschichten verknüpfen. Ein Großmeister dieser Kunst ist mein Freund und Kollege, der Gedächtnistrainer Markus Hofmann. In seinem Buch „Denken Sie neu" stellt er Eselsbrücken für Zahlen vor. Die „11" steht für die Fußballmannschaft. Die „17" wird zu blondem Haar – dank des Schlagers „17 Jahr, blondes Haar" von Udo Jürgens. Und die „20" steht für die Tagesschau, die bekanntermaßen um 20.00 Uhr beginnt. Wenn Sie sich die Zahlenfolge 111720 merken wollen, dann könnte Ihnen folgende Geschichte einfallen: Eine ganze Fußballmannschaft trägt langes blondes Haar – worüber prompt die Tagesschau berichtet. Klar, lange Zahlenfolgen kann man sich auch notieren oder aufs Smartphone speichern. Aber dann verpassen Sie eine Menge lustiges Kino im Kopf.

Eselsbrücken selbst bauen: Unterteilen Sie Geheimzahlen, Telefonnummern oder sogar IBAN-Nummern in 2- bis 4-stellige Zahlenhäppchen, die Sie an etwas Konkretes erinnern. Aus diesen Häppchen bauen Sie dann eine bilderreiche Geschichte. Die lässt sich viel leichter merken als eine abstrakte Zahlenfolge.

# Das Kreativitäts-Verordnungs-Verbot

Haben Sie doch bitte Spaß! Seien Sie doch bitte fröhlich! Lachen Sie bitte jetzt! Es gibt einfach Dinge, die lassen sich nicht verordnen. Und dazu gehört auch Kreativität. Deshalb nützt es wenig, wenn Sie zu Ihren Kollegen so etwas sagen wie: Jetzt seid doch mal kreativ, jetzt habt doch endlich Ideen, jetzt denkt doch bitte mal quer!

Es nützt viel mehr, wenn Sie in Ihrem Team eine Atmosphäre schaffen, in der Ideen willkommen sind. Hören Sie aufmerksam zu, wenn jemand seine Gedanken vorträgt. Belohnen Sie Vorschläge, ganz egal, ob diese auf den ersten Blick sinnvoll erscheinen oder nicht. Gestalten Sie ein kreatives Klima, statt Kreativität zu verordnen.

Die Harvard-Professorin Teresa M. Amabile hat erforscht, welche Faktoren Einfluss darauf haben, ob Mitarbeiter motiviert sind, kreativ zu denken und zu handeln. Die Ergebnisse lassen sich zu einem kleinen Kompass für Führungskräfte zusammenfassen:

### Erfolgsfaktoren für ein kreatives Klima

- Ermutigen Sie Ihre Mitarbeiter, Ideen und Vorschläge zu äußern.
- Geben Sie ihnen Freiheit bei der Wahl des Lösungsweges, um ein Ziel zu erreichen.
- Reservieren Sie Arbeitszeit für Brainstormings und kreatives Spinnen.
- Vermeiden Sie gefühlte Kontrolle und ausufernde Regelwerke.
- Schaffen Sie Herausforderungen und Begeisterung für Visionen.

# Das Ich-bleib-ich-Vorhaben

„Wir werden alle als Originale geboren, aber die meisten sterben als Kopien." Dieses Zitat des Dichters Ernst Niebergall stammt aus dem 19. Jahrhundert – aus einer Zeit, als der Kopierer noch gar nicht erfunden war. Umso treffender ist es heute:

Kaum sind wir geboren, werden wir uns immer ähnlicher. Unsere ähnlichen Lehrer bringen uns ähnliche Sachen bei, nachdem uns unsere Eltern in ähnlichen Kinderwägen durch ähnliche Nachbarschaften in ähnliche Kindergärten geschoben haben. Dann geht es in ähnlichen Berufen und ähnlichen Lebensläufen ähnlichen Lebensabenden entgegen.

Es sei denn, Sie haben den Mut, ein Original zu bleiben, anders zu sein, sich nicht anzupassen. Noch heute werden Sie dazu diverse Gelegenheiten haben. Achten Sie auf diese Gelegenheiten, und verzichten Sie aufs Kopieren. Das ist der beste Weg, die eigene Einmaligkeit zu entdecken. Was für ein Vorhaben!

 **Bleiben Sie ein Original. Kopien gibt es schon genug.**

# Fantasievolles Fernseh-Faulenzen

Manchmal muss es einfach sein: nach der Arbeit heimkommen, sich eine Tiefkühlpizza reinziehen und auf der Couch sitzend stundenlang fernsehen. Manchmal ist man es einfach leid, sich permanent aktiv zu betätigen, effizient zu sein, Ergebnisse zu produzieren. Und doch: Meistens ärgern wir uns hinterher über die vergeudete Zeit vor der Kiste – und verschwenden noch mehr Zeit und Energie mit dem Ärgern!

Die Lösung: Lassen Sie sich fallen und setzen Sie sich ohne schlechtes Gewissen vor den Fernseher. Schauen Sie ruhig stundenlang Ihre Lieblingsserie. Aber tun Sie es kreativ! Schalten Sie zwischendurch auf Pause, und überlegen Sie, wie Sie selbst das Drehbuch weitergeschrieben hätten. Am meisten Spaß macht das, wenn Sie es zusammen mit anderen tun: Verabreden Sie sich live oder als WhatsApp-Gruppe zum gemeinsamen Fernseh-Faulenzen, und brainstormen Sie Alternativen, sprechen Sie Dialoge mit oder erfinden Sie Cliffhanger!

Tolles Brainstorming-Potenzial bietet natürlich auch die Werbung. Statt umzuschalten lassen Sie sich ganz bewusst von den Werbespots nerven. Überlegen Sie dann, wie Sie es besser gemacht hätten. Und bevor Sie sich den nächsten Spielfilm aus der Videothek holen, leihen Sie sich lieber die „Cannes Rolle". Beim Cannes Lions International Festival of Creativity werden jährlich die besten Werbespots der Welt ausgezeichnet. Inspirierender kann Fernseh-Faulenzen kaum sein.

### Beispiele für fantasievolles Fernseh-Faulenzen

- Lieblingsserie ohne Ton sehen und die Dialoge improvisieren
- Ähnlichkeiten von Schauspielern mit Freunden oder Bekannten suchen
- Das Wetter ohne Worte nachspielen – pantomimisch oder lautmalerisch
- Augen zu beim Fernsehen und am Ton erraten, was gerade im Bild sein könnte
- Die besten Werbespots der Welt anschauen

# Die Babybett-Best-Practice

Überall wird über Kundenbegeisterung geredet. Man will Kunden zu Fans machen. Aber wie? Ich als Kunde bin Fan von überraschender Kommunikation! Auf meinen Vortragsreisen freue ich mich immer, wenn ich besonders kreative Dienstleister oder besonders spontane Servicekräfte treffe. Manchmal passiert das sogar in ganz normalen Hotels.

Vor ein paar Monaten bin ich spät am Abend in mein Hotelzimmer gekommen. In diesem Zimmer stand, mittendrin und unübersehbar, ein Babybett. Dabei war ich ohne Baby unterwegs! Sofort habe ich die Rezeption angerufen: „Entschuldigen Sie, hier steht mitten in meinem Zimmer ein Babybett. Ich habe aber kein Baby dabei. Haben Sie irgendeine Idee, was wir da machen können?" „Ja!", sagte die junge Dame am Empfang, „ich habe sogar zwei Ideen: Entweder wir holen das Bett raus, oder wir bringen Ihnen ein Baby rein!" Tolle, spontane Antwort. Mit solchen Antworten begeistern Sie die Menschen um sich herum – und Kunden erst recht.

Auf Tagungen erlebe ich immer wieder, wie Vertriebsmannschaften mit Gesprächsleitfäden und Wort-für-Wort-Argumentationen geimpft werden. Meine Empfehlung an die Strategen: Lasst euren Leuten ein bisschen mehr Luft. Kommunikation muss Spaß machen und kann trotzdem richtig und zielführend sein.

**Kommunizieren Sie spontan, einfallsreich und aus dem Bauch heraus. Das macht Ihre Kunden zu Fans.**

# Der Welt-Beziehungstag

Auch wenn der Veggie-Day der Grünen seinerzeit nicht gut ankam: Andere Thementage erfreuen sich großer Beliebtheit – der Welt-Blumen-Tag genauso wie der Welt-Radio-Tag oder der Tag der humanitären Hilfe. Der Tag, an dem ich diese Zeilen schreibe, der 27. August, ist der Einfach-so-Tag. Das ist natürlich ein Volltreffer: Wenn wir einfach mal so irgendetwas tun, was wir sonst nie tun, ist das dem Kreativsein sehr dienlich. Gestern war der Tag des Toilettenpapiers. Und morgen ist der Tag der Russlanddeutschen. Sie sehen: Es ist wirklich für jeden etwas dabei.

Schaffen Sie doch solche Tage für Ihre Zweierwelt! Wie wäre es mit einem Welt-Spaghetti-Tag, weil Sie sich beim Spaghetti-Essen kennengelernt haben? Oder mit einem Welt-Picasso-Tag, weil Sie sich damals im Museum über ein Picasso-Bild so heftig gestritten haben? Oder mit einem Welt-Blau-Tag, um Ihre Lieblingsfarbe zu feiern? Oder Sie erfinden Ihren persönlichen Lieblingsfilm-Tag: einen Tag lang in Filmzitaten sprechen, sich entsprechend anziehen, den Film in einer Ihnen unbekannten Sprache anschauen oder gleich selbst synchronisieren.

Kennen Sie den Welt-Ei-Tag, den Tag der männlichen Körperpflege oder den Welt-Knuddel-Tag? Sie können sich auch Tage suchen, die ohnehin schon perfekt zu Ihnen passen. Im gemeinsamen Kalender notiert oder als Überraschung geplant, sind kreative Beziehungstage ein echter Hit.

**Hier finden Sie viele unterschiedliche Thementage**

http://dertagdes.de/ (mit übersichtlicher Timeline)

http://www.unric.org/de/internationale-tage-und-jahre

http://www.unesco.de/kultur/welttage.html

# Der unterschätzte Brandenburg-Faktor

Wer nach Ideen sucht, braucht auch hin und wieder richtig Ruhe. Nicht nur den Berlinern empfehle ich deshalb: Fahrt ab und zu nach Brandenburg! Da habt ihr Ruhe, da kommt ihr auf Ideen. Rainald Grebe, einer der besten Kabarettisten in Deutschland, bringt es in seinem Brandenburg-Song auf den Punkt: „Es gibt Länder, wo was los ist. Es gibt Länder, wo richtig was los ist. Und es gibt Brandenburg."

Auf einer Tourismustagung habe ich ein Brainstorming zu folgendem Thema gemacht: „Warum sollte man seinen Urlaub in Brandenburg verbringen?" Eine der originellsten Antworten war: „Weil einen da der Chef nicht findet!" Und tatsächlich: Wenn wir das Gefühl haben, der Chef findet uns nicht, der Chef ist weit weg, der Chef schaut uns nicht über die Schulter – dann sind wir kreativ. Das wird durch die Kreativitätsforschung bestätigt. Die sogenannte „gefühlte Kontrolle" durch Vorgesetzte ist eine häufige Ursache für Ideenblockaden.

Also, liebe Chefs, lasst eure Mitarbeiter ab und zu einfach mal in Ruhe. Oder noch besser: Schickt sie ab und zu zum Brainstorming nach Brandenburg. Eine Ideenrunde auf einem Havelfloß, ein Spaziergang durch den Schlosspark Petzow oder ein inspirierender Obstwein in Werder wirken Wunder!

**Entfliehen Sie dem Alltagsstress und dem Tagesgeschäft. Suchen Sie sich einen Ort, an dem absolut nichts los ist. An solchen Orten fallen noch Ideen vom Himmel.**

# Ein Lob aufs gute alte Brainstorming

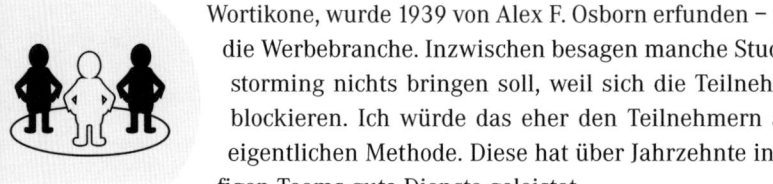

Laut Wikipedia schlägt der Verein Deutsche Sprache als Ersatz für das englische Wort „Brainstorming" die deutschen Begriffe „Denkrunde" oder „Ideensammlung" vor. Da frage ich mich, wie der VDS wohl den Begriff „Shitstorm" übersetzen würde. Vermutlich läuft dazu gerade eine Denkrunde oder eine Ideensammlung. Das Brainstorming, bleiben wir bei dieser Wortikone, wurde 1939 von Alex F. Osborn erfunden – ursprünglich für die Werbebranche. Inzwischen besagen manche Studien, dass Brainstorming nichts bringen soll, weil sich die Teilnehmer gegenseitig blockieren. Ich würde das eher den Teilnehmern anlasten als der eigentlichen Methode. Diese hat über Jahrzehnte in Tausenden pfiffigen Teams gute Dienste geleistet.

Hier noch einmal die vier Grundregeln, damit auch Sie wieder ameisenfleißig drauflosbrainstormen können: In einer Gruppe mit fünf bis sieben Teilnehmern werden in einer Zeitspanne zwischen fünf und 30 Minuten Ideen gesucht. Freies Assoziieren und Fantasieren ist ausdrücklich erwünscht, Kommentare und Kritik sind verboten, die geäußerten Ideen werden kombiniert und weitergesponnen – und es wird ordentlich Tempo gemacht, um möglichst viele Ideen zu generieren. Auf, auf!

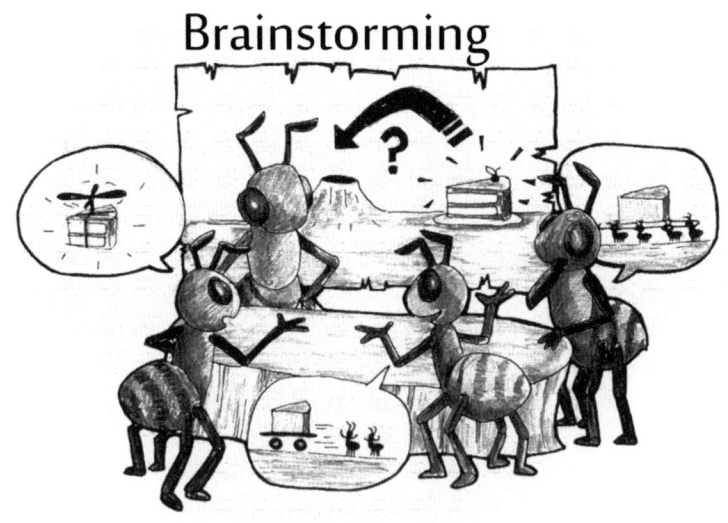

# Der prima Prototypen-Tipp

Stellen Sie sich vor, jemand erfindet einen Einkaufswagen mit integriertem Navi – also einen Einkaufswagen, der mir im Supermarkt, sobald ich „Ketchup!" sage, anzeigt, wo das Ketchup steht. Wenn der Erfinder dieses genialen Navi-Einkaufswagens nun auf sich aufmerksam machen will, was sollte er tun? Die Antwort lautet: einen Prototypen bauen, die Presse einladen – und den Wagen am Samstag zur besten Zeit bei Rewe oder Lidl durch die Regale schieben.

Meine Empfehlung lautet: Egal was Sie erfinden, egal welche Idee Sie verfolgen, bauen Sie unbedingt Prototypen! Mithilfe von Prototypen machen Sie Ihre Ideen sichtbar und erlebbar. Und Sie bekommen schnell Feedback von möglichen Kunden und Anwendern. Anders ausgedrückt: Sie müssen Ihre Idee schneller umsetzen, als die Bedenkenträger Bedenken äußern und als das Controlling rechnen kann.

In etwas ausgereifterer Form ist diese Vorgehensweise auch als „Design Thinking" bekannt, entwickelt von der US-amerikanischen Design- und Innovationsagentur IDEO und von SAP-Gründer Hasso Plattner nach Potsdam importiert. Sie können dort an der d-school am HPI sogar „Design Thinking" studieren. Falls das gerade nicht in Ihren Lebensentwurf passt, empfehle ich Ihnen zumindest die folgenden Grundprinzipien für Ihren Innovationsprozess:

**So kommt die Idee raus aus dem Kopf und rein in die Welt**

- Visualisieren Sie Ihre Idee, oder bauen Sie einen Prototypen.
- Betrachten Sie Ihre Idee aus der Perspektive der zukünftigen Anwender.
- Holen Sie immer wieder Feedback der zukünftigen Anwender ein.
- Seien Sie offen für Input und Hinweise aus allen Richtungen.
- Verbessern und verfeinern Sie Ihre Idee kontinuierlich.
- Der Erfolg Ihrer Idee wird auf diesem Wege immer wahrscheinlicher.

# Die provokante Ideen-Brechstange

Mögen Sie Provokationen? Provokationen sind die Brechstange unter den Kreativitätstechniken. Gnadenlos stellen sie Gewohntes infrage und stoßen Veränderungen an. Sie reißen uns das Brett vorm Kopf vom Kopf.

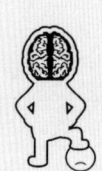

Kreative Provokationen werden in Form konkreter und scheinbar unsinniger Behauptungen formuliert: „Ein Hotel braucht keine Betten!", „Wenn ich halb so viel arbeite, verdiene ich das Doppelte!", „Ketchup ist blau!". Ausgehend von einer solchen Provokation überlegen Sie dann, gern auch als Gruppe, unter welchen Umständen diese Sätze zutreffen könnten. Und schon fangen die Ideen an zu sprudeln. „Ein Hotel braucht keine Betten!" Diese Aussage trifft zu, wenn die Leute in dem Hotel nicht übernachten, sondern sich nur ausruhen wollen. Oder wenn hier nicht Menschen einkehren, sondern Tiere. Oder wenn das Konzept des Hotels alternative Schlaftechniken sind. Und schon haben Sie drei neue Konzepte für ein Hotel der besonderen Art auf dem Tisch.

Wenn Sie kreative Provokationen nutzen wollen, zum Beispiel im Job oder für Ihr Business, dann schreiben Sie zunächst drei Selbstverständlichkeiten aus Ihrer Branche in Form von drei Sätzen auf ein Blatt Papier. Jetzt formulieren Sie aus jedem Satz exakt das Gegenteil. Fertig sind die Provokationen. Und los geht die Ideensuche!

### Kurzanleitung für die Ideen-Brechstange

- Schreiben Sie auf, was Ihnen selbstverständlich erscheint.
- Formulieren Sie das Gegenteil dieser Selbstverständlichkeit.
- Was muss passieren, damit dieses Gegenteil zutrifft?

# Kurzer Crashkurs Kreativität für alle Chefs

Kreativität ist eine wichtige Führungsqualität jetzt und in Zukunft – das ist spätestens seit einer großen CEO-Studie von IBM aus dem Jahr 2010 amtlich. In der Realität bezeichnen jedoch nur wenige Mitarbeiter ihre Chefs als besonders kreativ. Falls Sie als Chef das ändern wollen, halten Sie sich einfach an die folgenden Grundregeln:

**Kreative Chefs** ...

... suchen Stärken statt Fehler.

... stellen Fragen, statt alle Antworten zu kennen.

... belohnen Mut zum Risiko statt das Befolgen von Regeln.

... freuen sich über jede Idee statt nur über die eigenen.

... teilen Erfolge, statt sich selbst zu feiern.

Falls Sie nicht selbst Chef sind, aber einen Chef haben, geben Sie ihm doch einfach eine Kopie dieser Seite, Zoomfaktor 200 Prozent – mit einem herzlichen Gruß von mir!

# Die Gründen-statt-grübeln-Initialzündung

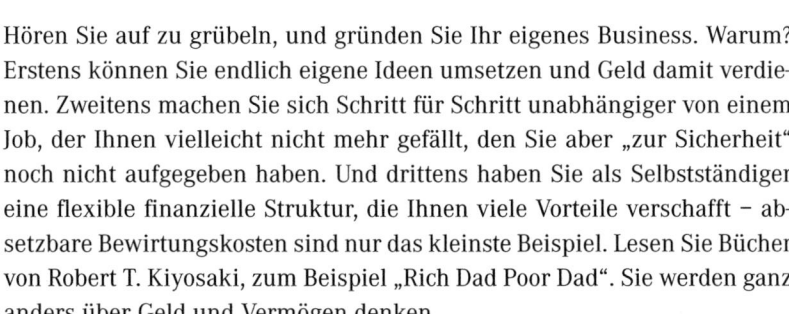

Sie müssen ein Unternehmen gründen. Heute, oder spätestens morgen. Es kann ein kleines Gewerbe sein, eine freiberufliche Tätigkeit, eine Vermietung oder Verpachtung. Es kann ein DaWanda-Shop sein, oder Sie schreiben Artikel für Ihre Wochenzeitung, oder Sie schließen sich einem seriösen Direktvertrieb an (ja, so was gibt es). Sie könnten auch gegen Honorar Ausflüge zu Ihren eigenen Lieblingsorten organisieren. Oder Sie entwickeln eine App, die endlich ein Problem löst, das den Leuten jeden Tag auf die Nerven geht. Oder Sie werden Privatinvestor in Pflegeimmobilien. Das alles können Sie neben Ihrem normalen Job tun.

Hören Sie auf zu grübeln, und gründen Sie Ihr eigenes Business. Warum? Erstens können Sie endlich eigene Ideen umsetzen und Geld damit verdienen. Zweitens machen Sie sich Schritt für Schritt unabhängiger von einem Job, der Ihnen vielleicht nicht mehr gefällt, den Sie aber „zur Sicherheit" noch nicht aufgegeben haben. Und drittens haben Sie als Selbstständiger eine flexible finanzielle Struktur, die Ihnen viele Vorteile verschafft – absetzbare Bewirtungskosten sind nur das kleinste Beispiel. Lesen Sie Bücher von Robert T. Kiyosaki, zum Beispiel „Rich Dad Poor Dad". Sie werden ganz anders über Geld und Vermögen denken.

Gehören Sie immer noch zu den Menschen, denen der Schritt in die Selbstständigkeit zu groß erscheint? Bitte aufwachen! Der erste Schritt ist klein. Gründen können Sie in aller Regel ohne Kündigung. Gründen ist die Initialzündung. Gründen macht Spaß. Oder andersherum: Welche Chancen haben Sie denn, Ihre Träume wahr werden zu lassen, wenn Sie den ersten Schritt nicht gehen? Heute, oder spätestens morgen?

 **Sicherheit ist das Grab vieler Ideen. Machen Sie sich selbstständig!**

# Die Produktnamen-Entlangweilung

Als Kunde und Verbraucher will ich keine Produkte, deren Namen klingen wie trocken Brot. Ich freue mich über „sprechende Namen", die mir gleich etwas über das Produkt verraten – und mich emotional mit auf die Reise nehmen. Ein Privatkundenkredit zum Beispiel ist zunächst eine recht nüchterne Sache. Wenn dieser Kredit aber an ein konkretes, positiv besetztes Erlebnis geknüpft ist, dann macht so ein Kredit richtig Freude (mehr dazu weiter unten!).

Dieser Ansatz kann auch Ihnen wertvolle Dienste leisten: Nehmen Sie sich für das nächste Teammeeting drei Namen Ihrer Produkte oder Dienstleistungen vor. Fragen Sie sich gemeinsam: Mit welchen Situationen und Emotionen können wir diese Produkte oder Dienstleistungen assoziieren? Wie könnten die entsprechenden Namen lauten, um die Kunden knackig anzusprechen und zu begeistern?

In meinen Workshops führe ich regelmäßig solche Namensfindungen durch. Allein das Brainstorming um das Produkt herum ist Gold wert. Mitarbeiter entdecken völlig neue Perspektiven und unerkannte Nutzen in Dingen, die sie seit Jahren auf immer gleiche Art verkaufen.

Hier das konkrete Beispiel „Privatkundenkredit". Wenn Sie die Ideenliste durchlesen, dann können Sie sich sicherlich vorstellen, dass den Vertrieblern das Brainstorming eine Menge Spaß gemacht hat! Die Aufgabe lautete: Erfinden Sie einen Namen für einen Privatkredit, mit dem man ein rauschendes Hochzeitsfest finanziert:

- Happy-Marriage-Kredit
- Polterkredit, Weddit
- your wedding credit
- Kredit zum Weg ins Glück
- Weddinggeld
- Weißes Gold
- Schöner Schein
- Brautkredit
- Monogamieförderer
- Maledivenkredit
- Hochzeitscrasher
- Honeyspend
- Daydreammoney
- Flitterwochen-Sponsor
- Hochzeitssause
- Never Again Credit
- Ehegeld
- Kinderentstehungskredit
- Endloskredit
- Schleierdarlehen …

# Die unumgängliche Umwege-Abkürzung

Neulich habe ich von einem Stadtplaner den folgenden Satz gehört: „Umwege erweitern die Ortskenntnis." Inzwischen glaube ich: Dieser Satz ist der perfekte Leitsatz für alle, die ihren eigenen Weg finden wollen.

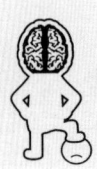

Wenn Sie immer nur auf gewohnten Bahnen unterwegs sind, dann werden Sie nie wissen, wie schön andere Wege sein können. Wenn Sie immer nur geradeaus marschieren, dann sehen Sie vielleicht nicht, dass sich hinter der nächsten Kurve ein Feld voller Kornblumen und Klatschmohn ausbreitet. Es lohnt sich, hin und wieder einem neuen Wegweiser zu folgen. Querverbindungen können Ihren Erfahrungsschatz erweitern, und Kurvenfahren kann Spaß machen. Auf einem Umweg können Ziele sichtbar werden, die Sie sonst nie ins Auge gefasst hätten.

Alle Menschen, die einen wirklich beeindruckenden Lebensweg gegangen sind, werden Ihnen von Umwegen erzählen. Sie werden Ihnen erzählen, dass sie eines Tages beschlossen haben, neue Wege zu gehen. Und sie werden Ihnen erzählen, wie heftig sie sich verlaufen haben oder welche Erfahrungen sie sammeln mussten, bevor sie wieder auf einer Erfolgsspur unterwegs waren. Mag es Neugierde gewesen sein oder die Suche nach Überraschungen: Am Ende hat dieser Umweg sie auf den richtigen Weg geführt – auf den ganz eigenen.

**Umwege, die sich lohnen können**

- Die Landstraße nehmen statt der Autobahn
- Eine Weiterbildung zu einem ganz anderen Thema machen
- Stift und ein Blatt Papier zum Schreiben nutzen statt Word
- Alte Freunde auf dem Weg in den Urlaub überraschen
- Statt im Supermarkt in dem kleinen Laden weiter entfernt einkaufen
- Die Brötchen mit dem Fahrrad holen statt mit dem Auto
- Eine Entscheidung aufschieben, statt sie übers Knie zu brechen

# Das Notizbuch-Wendemanöver

Benutzen Sie ein Notizbuch? Eines mit schwarzem Einband, Bändchen und Gummiband außen herum? Mit einem solchen Notizbuch können Sie ein spannendes Experiment starten: Nutzen Sie das Buch von zwei Seiten. Von der Vorderseite aus machen Sie alle Notizen, die mit Zahlen, Daten und Fakten, mit Terminen und Organisation zu tun haben. Und von der Rückseite aus – also das Buch auf den Kopf gestellt und umgedreht – notieren Sie Ideen und Einfälle, machen Skizzen und Mindmaps.

Irgendwann ist das Notizbuch voll. Und irgendwo in der Mitte treffen die Notizen kopfüber aufeinander. Das Spannende ist: Jetzt können Sie sehen, wie viele Seiten Sie mit sachlichen Notwendigkeiten gefüllt haben und wie viele Seiten mit neuen Ideen. Fünfzig-fünfzig wäre nicht schlecht. Aber selbst wenn das Verhältnis ein wenig anders aussieht: Wichtig ist, dass Sie Ihre Arbeit überhaupt von zwei Seiten angehen – von der logisch-rationalen und von der spielerisch-kreativen.

Eine andere Variante: Sie reservieren die linken Seiten des Notizbuchs für Zahlen, Daten und Fakten – entsprechend Ihrer linken Gehirnhälfte. Und die rechten Seiten nutzen Sie für Bilder, Skizzen, Mindmaps – entsprechend Ihrer rechten Gehirnhälfte. Und falls Sie kein Notizbuch nutzen, sondern ein „digitaler Notierer" sind, probieren Sie es mit einer Mindmap-Software. Wie auch immer Ihre „Gedanken-Festhalte-Technik" aussieht: Hauptsache, sie lädt zu vernetztem Denken ein und bietet Platz für Visualisierungen.

 **In Ihr Notizbuch gehören nicht nur geschriebene Notizen, sondern auch Kritzeleien, Skizzen und Mindmaps. Je visueller, je besser!**

# Die Peinlich-peinlich-Prävention gegen Blackouts

Namen vergessen ist peinlich, oder? Mit kreativen Bildern im Kopf helfen Sie Ihrem Namensgedächtnis auf die Sprünge. Die Fähigkeit, schnell Assoziationen zu finden, mentale Querverbindungen – diese Fähigkeit zeichnet kreative Menschen aus. Bezogen auf Nachnamen können Sie diese Fähigkeit im Alltag spielerisch trainieren: Wolff ist einfach. Aber was ist mit Kuczewinsky? Klingt nach „Kuh" und „Chef" und „in Ski". Eine Kuh, die mit dem Chef in Skiern fährt, das ist eine wunderbar kreative Assoziation. Machen Sie aus Nachnamen verrückte Geschichten. Frau Walzac tanzt Walzer, und zwar zackig. Herr Schwanbeck wirft einen Schwan ins Becken. Und Familie Mattheis – auch Reimen ist erlaubt – rutscht aus auf Glatteis. Je intensiver Sie mit Worten spielen, je verrückter Ihre Namensbilder, umso besser werden Sie zukünftig Namen erinnern. Und das bedeutet vor allem: weniger peinliche Momente bei der nächsten persönlichen Begegnung.

**Beispiele für kreative Namensbilder**

Paterok – ein Pater im Rock
Mecke – ist immer nur am Meckern
Gerloff – lebt gern im Loft
Keirath – weiß keinen Rat
Linowitzki – Linoleum und Whisky
Abbatista – ABBA ist da …

GESTATTEN: Kuczewinsky

# Hallo Neues – Plädoyer für eine Willkommenskultur

Stellen Sie sich vor, Sie reisen in ein Land, in dem Sie ein Fremder sind. Schon bei der Ankunft am Flughafen werden Sie misstrauisch kontrolliert. Die Sicherheitsbeamten tasten Sie ab. Ihr Gepäck wird durchleuchtet. Die Hunde vom Grenzschutz schnüffeln an Ihnen herum. Und dann sollen Sie Ihren Ausweis vorzeigen – aber blöderweise haben Sie keinen. Wie fühlt sich das an? Nicht gut!

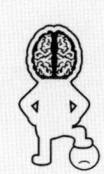

Genauso wie Sie sich in dieser Situation fühlen, fühlt sich jede neue Idee, die irgendwo zum ersten Mal auftaucht. Jede neue Idee ist ein Fremdling und wird erst einmal kritisch durchleuchtet – besonders dann, wenn sie noch keine Erfolge oder Fürsprecher vorweisen kann.

Darum plädiere ich für eine „Willkommenskultur für Ideen". Empfangen Sie neue Ideen offen und herzlich in unserer Welt der Gewohnheiten, auch wenn sie Ihnen zunächst ein wenig fremd vorkommen. Und wenn wir alle ein bisschen offener werden für das Neue, dann werden auch unsere eigenen Ideen mögliche Widerstände und Grenzen viel müheloser überwinden als bisher.

**Jede Idee ist ein Fremder und ganz neu hier.**
**Also: Herzlich willkommen!**

# Die besten Anti-kreativ-Tipps

Auf dieser Seite wende ich mich an alle Menschen, die lieber nicht kreativer durchs Leben gehen möchten. Ich wende mich an alle, die es langweilig und spaßbefreit mögen. An alle, die den Stillstand lieben. An alle, die ihr eigenes Potenzial nicht ausschöpfen und ihre Ideen nicht verwirklichen möchten. Ja, auch diesen Menschen möchte ich zum Erfolg verhelfen. Auch sie haben ihren Platz in unserer Mitte. Denn wer sonst sollte lieblose Geschenkkörbe und fertig bemalte Ostereier kaufen? Wer sonst sollte jeder Mode hinterherlaufen und all die schlechten Talkshows am Nachmittag anschauen? Wir brauchen euch, liebe Mitläufer der breiten Masse. Darum hier meine zehn wirksamsten Tipps gegen Einfallsreichtum und Veränderungsbereitschaft.

**So werden Sie garantiert nicht kreativer**

Platz 10: Vermeiden Sie neue Umgebungen.

Platz 9:  Halten Sie stur an Ihrer Meinung fest.

Platz 8:  Machen Sie bloß nie einen Fehler.

Platz 7:  Verwerfen Sie verrückte Gedanken.

Platz 6:  Wissen Sie auf alles eine Antwort.

Platz 5:  Planen Sie jede Minute Ihres Alltags.

Platz 4:  Geben Sie sich stets ernsthaft und seriös.

Platz 3:  Bleiben Sie Ihren Gewohnheiten treu.

Platz 2:  Gehen Sie fremden Menschen aus dem Weg.

Platz 1:  Hören Sie auf, in diesem Buch zu blättern!

# Der hinderliche Chef-Erhaltungstrieb

In der Arbeitswelt gibt es ein erstaunliches Phänomen: Eigentlich sucht jedes Unternehmen neue Ideen, um langfristig erfolgreich zu bleiben. Trotzdem sind häufig ausgerechnet diejenigen Mitarbeiter besser angesehen, die sich neuen Ideen gegenüber kritisch verhalten. Chefs mögen es, wenn jemand sofort weiß, warum eine neue Idee ganz bestimmt nicht funktioniert.

Der Grund dafür: Mitarbeiter, die Neuem gegenüber grundsätzlich skeptisch sind, kennen offensichtlich die Spielregeln und die Vorschriften. Sie bewahren den Status quo. Und das gefällt den Chefs. Denn die Chefs haben diesen Status quo schließlich selbst erschaffen! Leider führt das zu einer Teufelsspirale: Es werden immer zuerst Gründe gesucht, warum etwas Neues nicht funktioniert. Und das ist pures Gift für die Innovationskultur.

Sie arbeiten in einem völlig unkreativen Spießerladen? Der Chef ist bis zum Anschlag veränderungsresistent? Was können Sie tun? Machen Sie Ihren Kollegen Mut, die etwas ganz Neues vorschlagen. Haben Sie selbst den Mut, eigene Ideen anzubringen. Wenn beides nicht fruchtet und Sie Ihren Chef auch anders nicht loswerden: kündigen, Exit, selbstständig machen!

# Die Rückwärts-vorwärts-Strategie

Lassen Sie uns ein Gedankenspiel wagen: Das ganze Leben läuft rückwärts! Wir alle werden immer jünger. Erwachsene Kinder stehen vor der Tür und ziehen wieder zu Hause ein. Paare leben jahrelang zusammen und auf einmal beginnen sie, sich zu lieben. Frauen bringen ihre neu gekauften Schuhe zurück ins Geschäft. Twix heißt wieder Raider. Und Sie würden sich kratzen, bevor es juckt.

Dieses kreative Gedankenspiel trainiert Ihre Fähigkeit, Abläufe rückwärts zu denken. Das erscheint unsinnig, ist aber ausgesprochen nützlich. Sie können sich so einen privaten oder beruflichen „Wunschzustand" in der Zukunft vorstellen und dann rückwärts überlegen, was alles passieren muss, um diesen Zustand zu erreichen. Innovatoren und Erfinder machen das ähnlich. Sie denken sich etwas scheinbar Unmögliches aus und überlegen dann im „Rückwärtsgang", welche Herausforderungen zu bewältigen sind und welche Voraussetzungen geschaffen werden müssen, um ans Ziel zu kommen.

Der psychologische Trick dabei ist, dass Sie nicht einen mühsamen Weg zum Ziel vor sich sehen. Sie schauen stattdessen ganz entspannt auf den Weg zurück. Indem Sie rückwärts denken, kommen Sie vorwärts leichter voran. Das ist die Rückwärts-vorwärts-Strategie.

**Die Rückwärts-vorwärts-Strategie**

- Ein Ziel für die Zukunft festlegen
- Das Ziel lebendig und konkret visualisieren
- Sich vorstellen, man hätte das Ziel erreicht
- Rückwärts in Richtung Gegenwart denken
- Dabei die Voraussetzungen erkennen
- Das Ziel Schritt für Schritt erreichen

# Das Drei-Stunden-Praktikum

Wir bewegen uns die meiste Zeit unseres Lebens in immer gleichen Bahnen: Arbeit, Partnerschaft, Freizeit, Hobbys, Essen, Sport – von Tag zu Tag die gleichen Muster und ähnliche Abläufe. Selbst im Internet mit seinem schier unendlichen Angebot surfen wir meist auf denselben fünf bis zehn Seiten. Auch wenn gewohnte Umgebungen und eingespielte Abläufe uns Sicherheit bieten: Sie bremsen uns auch beim Finden neuer Ideen.

Um auf neue Ideen zu kommen, brauchen Sie neuen Input. Erinnern Sie sich an Ihr erstes Praktikum während der Schulzeit? Da gab es Input! Ich war in einem Elektrofachbetrieb, der große Motoren für Fahrstühle wartet. Gleich an meinem ersten Tag wurde ich zu einem dreistündigen Servicetermin mitgenommen. Zum ersten Mal in meinem Leben hatte ich einen Blaumann an. Wir sind mit unserem Werkzeug durch die Abteilungen gelaufen – bis unters Dach. Im Maschinenraum des Fahrstuhls dann der Geruch nach Schmieröl und Transformatoren. Drei Stunden eine andere Welt, es war irre aufregend. Ich erinnere mich daran, als wäre es gestern gewesen.

Versuchen Sie, einmal im Monat ein Drei-Stunden-Praktikum zu machen. Schauen Sie sich im Freundes- und Bekanntenkreis um: Wer hat welchen spannenden Job? Wer geht welcher aufregenden Freizeitaktivität nach? Fragen Sie, ob Sie bei Gelegenheit drei Stunden lang dabei sein dürfen. Vielleicht reagiert Ihr Gegenüber etwas verwundert. Aber am Ende wird man sich über Ihr Interesse freuen. Und da, wo das Drei-Stunden-Praktikum zustande kommt, werden Sie jede Menge Anregungen und neue Ideen bekommen – jenseits Ihrer gewohnten Bahnen. Übrigens: Wenn Sie merken, dass Sie als Anwalt nur Anwälte oder als Maler nur Maler kennen, ändern Sie auch das!

**Drei-Stunden-Praktikum**

- Erleben Sie eine Theateraufführung backstage.
- Packen Sie an bei einem Reitturnier.
- Schauen Sie einem Chirurgen bei einer Hüft-OP zu.
- Versuchen Sie sich bei einer Runde Geocaching.
- Helfen Sie morgens um 7.00 Uhr Brötchen verkaufen.
- Lassen Sie sich Stand-up-Paddeln erklären.
- Übernehmen Sie ein dreistündiges Ehrenamt.

# Spontanes Blitznetzwerken

Manchmal frage ich mich: Wo sind eigentlich die Ideen, bevor man sie hat? An irgendeinem Ort müssen sie sich doch rumtreiben! Und genau so ist es auch! Wo warten gute Ideen darauf, entdeckt zu werden? In den Köpfen anderer Menschen! Unsere Freunde, Bekannten und Kollegen haben häufig genau die Ideen, nach denen wir im stillen Kämmerlein allein und verzweifelt suchen.

Wenn Sie also ganz alleine auf Ideensuche sind, dann greifen Sie schnell zum Telefon, rufen Sie drei Freunde, Bekannte und Kollegen an – und fragen Sie sie nach deren erster Idee zu Ihrem Problem oder Ihrer Herausforderung. Notieren Sie die Ideen, bedanken Sie sich, und nutzen Sie den Input Ihres Netzwerks fürs weitere Brainstormen.

Natürlich tut es auch eine Rundmail oder eine Mitteilung an Ihre WhatsApp-Gruppe. Die Hauptsache ist: Sie kommen raus aus dem Grübeln und rein in den Dialog. Ideen und Innovationen entstehen in Netzwerken, nicht im stillen Kämmerlein!

### Blitznetzwerken zur Ideensuche

- Drei Freunde anrufen und nach Ideen fragen
- Rundmail mit „Bitte um Ideen" an Kollegen senden
- Kontakte der letzten Tagung reaktivieren
- WhatsApp-Gruppe „Ideensucher" gründen
- Höflich einige Experten anmailen
- Nachbarn im Haus um Rat fragen
- Soziale Netzwerke anzapfen

# Der Einfach-mal-aufräumen-Tipp

Viele Forscher versuchen, den kreativen Prozessen in unserem Gehirn mit komplizierten bildgebenden Verfahren auf die Schliche zu kommen. Dabei sind einige wesentliche Faktoren ganz offensichtlich: Menschen haben umso mehr Ideen, je frischer und inspirierender ihre Umgebung auf sie wirkt. Ich selbst kann mir kaum vorstellen, besonders einfallsreich zu sein, wenn man mich in ein Labor führen und dort in eine Röhre stecken würde!

Und jetzt schauen Sie sich an Ihrem Arbeitsplatz um. Wie frisch und inspirierend sieht es da aus? Papierstapel, vertrocknete Büropflanzen, Kaffeetassen von letzter Woche, Kollegen von vor zehn Jahren. Und überall liegt Zeug, das kein Mensch mehr braucht. Weg mit dem Kram! Als ich Anfang der 1990er-Jahre als Texter bei Springer & Jacoby gearbeitet habe, gehörte es zur Kultur des Unternehmens, die Arbeitsplätze jeden Tag völlig frei und aufgeräumt zu hinterlassen. Nicht ein Stift verbrachte die Nacht auf dem Schreibtisch – alle lagen schön ordentlich in ihrer Schublade. Jeden Morgen betraten die Kreativen einen aufgeräumten, hellen, offenen Ort – und erfanden Werbekampagnen, die S&J zur kreativsten Agentur Deutschlands gemacht haben.

Heute ist der Tag, an dem Sie Ihre direkte Umgebung wieder ein bisschen innovationsfreundlicher gestalten: Altpapier raus, frisches Obst rein, inspirierende Bilder an die Wand, ordentlich durchlüften. Manchmal hilft sogar schon ein frisches „Guten Morgen" als Sprungbrett in einen ideenreichen Arbeitstag!

Schnell weg mit Papierstapeln, Verpackungsresten, Zeitschriftenbergen, vertrockneten Filzstiften, angeknabberten Bleistiften, kleckernden Kugelschreibern, Tassen mit Sprung, Essensresten im Kühlschrank, zerbröselten Kundenkeksen, abgelaufener Kaffeesahne, schrottreifen Give-aways, verjährten Kalendern und wenn möglich: nervigen Kollegen …

# Die Mix-Tape-Masche

Früher hat es fast jeder für seine neue Freundin oder den neuen Freund getan: eine Kassette mit den schönsten Liedern zusammengestellt. Ob von einer CD überspielt oder aus dem Radio aufgenommen, ein Mix-Tape war immer ein ganz besonderes, persönliches Geschenk. Und es zeugte von Aufmerksamkeit und Engagement.

Das Mix-Tape hat sich inzwischen in die Playlist verwandelt. Der digitale Wandel lässt grüßen. Aber es muss beim kreativen Mixen ja nicht immer nur um Musik gehen: Sammeln Sie auch Rezepte, Fotos von Orten, an denen Sie gemeinsam waren, Zitate, Bierdeckel und alte Eintrittskarten, Zeitungsausschnitte und Blumen. Verschenken Sie dann ein kleines Mix-Büchlein mit diesen gelebten Kleinigkeiten. Zeigen Sie sich dabei empathisch: Denken Sie sich bewusst in Ihren Partner hinein, und sammeln Sie Dinge, die für ihn eine besondere Bedeutung oder einen besonderen Erinnerungswert haben. Sehen Sie die Welt mit seinen Augen.

Die Mix-Tape-Masche ist übrigens äußerst vielseitig. Es darf gern auch das digitale Mix-Foto-Verzeichnis sein oder der SMS-Best-of-Mix. Besonders beeindruckend ist die Mix-Tour, bei der Sie gemeinsam ein Wochenende lang alle Orte in der Umgebung ansteuern, die für Sie beide einen emotionalen Erinnerungswert haben.

**Die Mix-Tape-Masche: Bereiten Sie dem Partner Überraschungen, in denen viel Abwechslung und Emotion steckt.**

# Die Kindheits-Entdeckung

Augen zu. Welche Momente aus Ihrer Kindheit fallen Ihnen ein? Was hat Angst gemacht? Was hat Spaß gemacht? Und was hätten Sie am liebsten den Rest Ihres Lebens getan? Noch wichtiger ist die Frage: Warum ist es anders gekommen? Was hat Sie davon abgehalten, die kreativen, intensiven, spielerischen Momente der Kindheit ins Erwachsensein zu retten? Zum Beispiel: das Höhlenbauen mit Decken und Wäscheklammern, das Buddeln im Sandkistenschlamm, das Getrommel mit Kochlöffeln auf Tupperdosen, das Kleckern mit Fingerfarbe auf Zeitungspapier. In der Arbeit erwachsener Künstler und Artisten lässt sie sich noch entdecken, die „gerettete Kindheit". Und wenn Sie das Gefühl haben: „Da war doch was", dann begeben Sie sich auf Erinnerungsreise. Jeder kreative Moment Ihrer Kindheit, an den Sie sich erinnern, wird Sie auch als Erwachsener noch beflügeln.

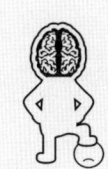

# Seitenweise Krickelkrakel-Kreationen

Man denkt ja immer, bei Büchern sei der Autor der Kreative. Weit gefehlt. Der wahre Kreative ist der Leser, der Mitdenker, der Weiterdenker. Also Sie! In Büchern können Sie Ihrer Kreativität freien Lauf lassen. Bei genauerer Betrachtung ist ja auf allen Seiten, rings um den Text herum und zwischen den Absätzen, immer noch ein wenig Platz übrig:

Hier zum Beispiel.

Malen und schreiben Sie rein in dieses Buch. Notieren Sie sich kurze Merksätze an den Rand, und zeichnen Sie das passende Krickelbild dazu. Um Zitate und markante Sätze wiederzufinden, machen Sie fette Anführungszeichen neben den Text. Kleine Strichmännchen stehen dafür, dass es hier um eine wichtige Person geht. Die Abkürzung LIT könnte auf einen spannenden Literaturtipp verweisen. Unterstreichungen und Stichworte halten die Punkte fest, die Ihnen besonders wichtig erscheinen. Unten auf den Seiten notieren Sie spontane Ideen und Gedanken. Und oben am Rand steht Ihre Zusammenfassung der Seite oder Doppelseite in einer Kernaussage. Das alles hilft Ihnen, die Inhalte intensiv zu verarbeiten – und noch nach Jahren beim Blättern wertvolle Details wiederzufinden. Und ganz nebenbei werden so aus Ihren Büchern: kreative Kunstwerke.

**Kleine Legende für Krickelkrakel in Büchern**

- Unterstrichen – wichtige Kernaussage der Seite
- Durchgestrichen – Unsinn, bin anderer Meinung
- Smiley – volle Zustimmung, endlich schreibt das mal jemand
- Strichmännchen – hier geht es um eine wichtige Person
- LIT – hier wird eine spannende Quelle erwähnt
- Anführungszeichen – gutes Zitat, könnte ich gebrauchen
- Rand unten – hier ist Platz für Ihre Ideen
- Rand oben – Kernaussage der Seite

# Die gefährliche Gangster-Strategie

Kreativität macht erfolgreich. Das gilt leider auch für die Schurken und Schwindler unter uns. Und denen sollten wir auf keinen Fall das Feld überlassen. Darum mein Tipp: Nutzen auch Sie Ihre kriminelle Energie, Ihre Schurken-Kreativität, Ihr Schwindler-Gen. Natürlich nicht im echten Leben, aber zu Trainingszwecken.

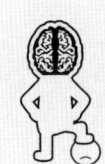

Stellen Sie sich vor, es gäbe keine Gesetze, keine Regeln, keinen Anstand. Sie werden verblüfft sein, auf was für Ideen Sie in diesem Zustand kommen – zum Beispiel, wenn es darum geht, 1000 Euro in einer Minute zu verdienen, den verhassten Kollegen aus dem Büro zu entführen oder den Rest der Familie um das Erbe zu betrügen. Alles nicht nett! Aber gerade weil es sich um Regelbrüche handelt, kommt das Gehirn auf Touren. Denn wie man 10 Euro pro Stunde verdient, wie man sich bei den Kollegen anbiedert oder wie man beim Erbe den Kürzeren zieht, das wissen wir ja alle schon.

Der kreativste Gangster der deutschen Kriminalgeschichte dürfte Arno Funke gewesen sein, besser bekannt als Kaufhauserpresser „Dagobert". Spielen Sie im Freundeskreis eine Runde „Dagobert-Brainstorming". Die Aufgabe lautet: Wie kann eine Geldübergabe so erfolgen, dass die Polizei garantiert keine Chance hat, den Täter bei der Entgegennahme festzunehmen? Von ferngesteuerten Saugnapfbehältnissen bis hin zur Miniatureisenbahn, die bei Nacht und Nebel im Wald verschwindet, ist alles erlaubt. Zumindest im Brainstorming.

**Denken Sie verwegen, und brainstormen Sie wie ein Gangster. Denn die Gedanken sind frei.**

# Die glatte Innovationslüge

Wie sieht es in Ihrem Job mit neuen Ideen aus? Sind neue Ideen erwünscht? Dürfen sich Mitarbeiter kreativ austoben? Gibt es ein Ideenmanagement oder einen Innovationsprozess?

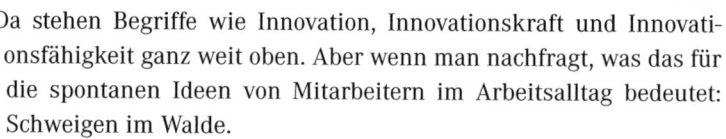

Heutzutage behaupten fast alle Unternehmen, sie seien innovativ. Schauen Sie sich doch nur die Unternehmenswerte der DAX-30-Konzerne an. Da stehen Begriffe wie Innovation, Innovationskraft und Innovationsfähigkeit ganz weit oben. Aber wenn man nachfragt, was das für die spontanen Ideen von Mitarbeitern im Arbeitsalltag bedeutet: Schweigen im Walde.

Fragen Sie doch einfach nach! Fragen Sie Ihren Chef, was in Ihrem Unternehmen passiert, wenn Sie neue Ideen für Produkte, Dienstleistungen oder Prozesse haben. Wie Sie unterstützt werden, damit Ihre persönlichen Ideen zum Zuge kommen! Falls Sie darauf keine Antwort erhalten, ist die Behauptung einer Innovationskultur eine glatte Lüge – und Sie sollten Ihre Fähigkeiten lieber einem anderen Arbeitgeber anbieten.

**Schreiben Sie Ihrem Chef**

*Hallo Chef, seit einiger Zeit bin ich in diesem Unternehmen tätig.*
*Ich würde gern in Zukunft mehr eigene Ideen und Einfälle einbringen.*
*Deshalb möchte ich mich erkundigen, wie genau Ideen von Mitarbeitern in unserem Unternehmen aufgegriffen, genutzt und belohnt werden.*
*Vielen Dank im Voraus für Ihr Feedback. Ihr Mitarbeiter*

# Das Spinner-Macher-Prinzip

Was für ein Typ sind Sie? Spinner oder Macher? Als Spinner lieben Sie es, verrückte Ideen auszuhecken, Neues zu entdecken und andere Menschen zu überraschen. Oder sind Sie Macher? Als Macher lieben Sie es, Projekte anzupacken, Zwischenziele zu erreichen und stolz aufs Ergebnis zu schauen. Spinner oder Macher? Bitte sagen Sie mir jetzt nicht, dass Sie entweder das eine oder das andere sind. Sie müssen beides sein. Nur dann können Sie eigene kreative Projekte erfolgreich umsetzen.

Schauen wir uns an, wie große Unternehmen Innovationen hervorbringen. Sie haben am Anfang des Prozesses eine Ideenphase, dann kommt eine Konzeptphase, dann werden Prototypen gebaut und dann wird getestet. Bis hierhin „spinnen" Unternehmen. Dann fällt eine knallharte Entscheidung. Entweder wird das Projekt umgesetzt oder nicht. Der Moment der Entscheidung ist extrem wichtig und wird als „Gate" bezeichnet. Wenn das Projekt umgesetzt wird, dann ohne Kompromisse. Dann gibt es kein Brainstormen mehr oder Ausprobieren oder Rumhühnern. Dann geht es darum, effizient und erfolgreich zu produzieren und zu verkaufen. In dieser Phase „machen" Unternehmen. Selbst in Projektteams läuft der Prozess ähnlich ab. Erst wird ausgedacht, dann wird umgesetzt. Erst spinnen, dann machen.

Viele Menschen scheitern daran, dass sie, statt den Schalter vom „Spinner" zum „Macher" umzulegen, immer ein bisschen weiterspinnen. Die kreativen Projekte dieser Menschen bleiben dauerhaft halbfertig. Und das ist frustrierend. Versuchen Sie deshalb, es ein bisschen so zu machen wie die großen Unternehmen: Ziel setzen, Ideen spinnen, Entscheidung treffen, Schalter umlegen, Umsetzung anpacken und Erfolge feiern.

### Ihr ganz privater Innovationsprozess

1. Setzen Sie sich ein persönliches Ziel.
2. Spinnen Sie viele Ideen für den Weg dorthin.
3. Entscheiden Sie sich für eine der vielen Ideen.
4. Schalten Sie um von „Spinner" auf „Macher".
5. Ziehen Sie die Umsetzung konsequent durch.
6. Freuen Sie sich über die Erfolge.

# Hemmungsloses Fehlerfeiern

Kreative Menschen probieren viel aus. Das bedeutet auch: Kreative Menschen machen Fehler – und zwar mehr Fehler, sogar viel mehr Fehler als die Langweiler, die immer auf Nummer sicher gehen!

In besonders innovativen Unternehmen gibt es deshalb eine sogenannte „Fehlerkultur". Fehler sind erwünscht, wenn sie auf der Suche nach neuen Ideen entstehen, wenn sie Zeichen von Mut und nicht von Schusseligkeit sind und wenn die Mitarbeiter am Ende des Tages etwas aus ihnen gelernt haben. Es gibt sogar Unternehmen, die den „Fehler des Monats" feiern. Klingt verrückt. Aber wenn man den Fehler des Monats mit einem Augenzwinkern feiert, fällt es im Kreise der Kollegen viel leichter, zu Fehlern zu stehen, statt sie zu vertuschen.

„Fail fast, fail often", lautet das Mantra der US-amerikanischen Entrepreneure. Ein Unternehmer, der nicht mindestens einen anständigen Misserfolg zu vermelden hat, wird als Unternehmer kaum ernst genommen. Also machen Sie sich bitte keine Sorgen, legen Sie einfach los.

**Der größte Fehler, den Sie machen können, ist, keinen Fehler zu machen.**

# Das Drei-Schweinchen-Prinzip

Kennen Sie die Geschichte vom Wolf und den drei kleinen Schweinchen? Die Schweinchen haben Angst vor dem bösen Wolf. Und das vollkommen zu Recht, denn der Wolf ist ziemlich hungrig und die Not entsprechend groß. Was ist die Lösung des Problems? Der Bau einer Hütte, in die der Wolf nicht eindringen kann! Die Schweinchen allerdings halten nichts von Teamwork. Jedes Schweinchen denkt sich für seine Hütte ein eigenes Konzept aus.

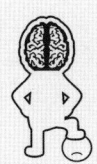

So wie das dümmste der drei kleinen Schweinchen verhalten auch wir uns häufig: Wir wählen die erste, schnellste und einfachste Alternative und bauen eine Hütte aus Stroh. Die erste Idee ist aber selten die beste. Die Hütte aus Stroh wird vom bösen Wolf – man kennt die Geschichte – einfach weggepustet!

Schlauer wäre es, über weitere Alternativen nachzudenken. So wie die beiden anderen Schweinchen:

Vielleicht eine Hütte aus Holz? Aus Ziegelstein? Aus Beton? Auf Pfählen? Aus Stahl gegossen? Eine Hütte unter der Erde? Was sonst hilft gegen den hungrigen Wolf? Ein fliegender Teppich? Eine Gegenwindanlage? Eine charmante Wölfin, die den Wolf ablenkt? Ein Jäger mit Schrotflinte? Oder einfach wegziehen aus Brandenburg? Alternativen gibt es immer.

**Folgen Sie dem Drei-Schweinchen-Prinzip: Egal was Sie tun, Sie sollten immer zwei Alternativen kennen.**

# Systematisch kreativ mit TRIZ, SCAMPER & Co

Wäre es nicht toll, wenn es eine Anleitung zum Erfinden gäbe? So eine Art systematischer Weg, wie man von einem Problem zur Lösung findet? So etwas gibt es tatsächlich. Die Methode heißt TRIZ. Sie enthält 40 allgemeine Prinzipien für Erfinder, zum Beispiel Zerlegung, Kopplung oder Farbveränderung. Klingt ein bisschen abstrakt. Aber jeder, der gerade etwas erfindet, kann diese 40 TRIZ-Prinzipien wie eine Checkliste durchgehen, ausprobieren und sich inspirieren lassen. Suchen Sie doch einfach mal im Netz nach TRIZ. Und staunen Sie zum Beispiel über das „Prinzip des unterlegten Kissens" – ein sehr nützliches Prinzip, finde ich, vor allem für die Mittagspause.

Hinter dem Begriff SCAMPER steckt eine weitere Methode; sie ist ein wenig allgemeiner und einfacher in der Anwendung. Jeder Buchstabe des Wortes SCAMPER steht für eine kreative „Umdenkweise". Mein Vorschlag: Sie vergegenwärtigen sich jetzt eine konkrete Herausforderung, für die Sie gerade eine Lösung suchen, und gehen dann die SCAMPER-Liste durch. Der Aha-Moment wird nicht lange auf sich warten lassen.

**S** -Substitute: Ersetzen Sie ein Teil, ein Material oder eine Person.

**C** -Combine: Kombinieren Sie etwas mit anderen Objekten oder Funktionen.

**A** -Adapt: Passen Sie die Sache veränderten Umständen an.

**M** -Modify: Variieren Sie Größe, Farbe, Gestalt, Haptik, Akustik.

**P** -Put: Suchen Sie neue und ganz andere Verwendungen.

**E** -Eliminate: Entfernen Sie etwas oder vereinfachen Sie.

**R** -Reverse: Ändern Sie die Richtung, verkehren Sie ins Gegenteil.

TRIZ und SCAMPER sind nur zwei Beispiele aus einer fast unüberschaubaren Menge an Kreativitätstechniken. Eine empfehlenswerte Übersicht für den Businesskontext leistet das Buch „Kreativ managen" von Georg Winkelhofer. Auch im Internet finden Sie viele Übersichten und Darstellungen.

# Freies Denken statt Funktionshaft

Welche Funktionen haben die folgenden drei Gegenstände: Hammer, Rettungsring, Plastikflasche? Die Antworten liegen nahe: einen Nagel einschlagen, einen Menschen vor dem Ertrinken retten, ein Getränk transportieren. Wir schreiben Objekten eine bestimmte Funktion zu. Unser Denken ist, wie die Psychologen es nennen, funktionsverhaftet. Deshalb wäre, für den Fall, dass Sie einen Lampenschirm brauchen, eine umfunktionierte alte Plastikflasche nicht die erste Wahl – eine Tatsache, die Ikea konsequent ausnutzt.

Im Alltag ist es oft hilfreich, das eigene Denken aus der „Funktionshaft" zu befreien. Die meisten Objekte eignen sich für deutlich mehr Funktionen, als wir ihnen zuschreiben. Mein Lieblings-Multifunktionsobjekt ist der Drahtkleiderbügel aus der Reinigung. Sie glauben gar nicht, was ich damit schon alles gemacht habe: Buchständer gebogen, Brötchen gegrillt und Teddys über dem Wickeltisch auf die richtige Höhe gehängt. Wenn also Ihr nächstes praktisches Problem im Haushalt lauert: Sie haben alles zur Hand, um die Sache zu lösen. Umfunktionieren heißt das Zauberwort!

# Der Schubladen-Inkubator

Der kreative Prozess wird gern in vier Phasen unterteilt: Präparation, Inkubation, Illumination und Verifikation. Diese Einteilung hat der britische Sozialpsychologe Graham Wallas 1926 in seinem Werk „The Art of Thought" vorgestellt. Sein Vier-Phasen-Modell ist zum Klassiker geworden. Wir präparieren uns, indem wir uns das Problem klarmachen und die richtigen Fragen herausarbeiten. Dann lässt man das Problem ein bisschen liegen, behält aber – und das ist wichtig – die richtigen Fragen im Hinterkopf. In dieser Inkubationsphase arbeitet das Unterbewusstsein. Wenn es seinen Job gut macht, erfolgt irgendwann die Illumination, der berühmte Aha-Moment – der Moment, in dem sich Wickie, der Wikinger, die Nase reiben würde. Die Verifikation dient dann der Weiterentwicklung und bewussten Bewertung der Idee in Bezug auf Nutzen und Realisierbarkeit.

Die Phase der Inkubation ist ein großes Geheimnis. Hirnforscher versuchen schon lange herauszufinden, was die Inkubation erfolgreich macht. Meine Erfahrung ist, dass ein paar gewöhnliche Schubladen und ein wenig Zettelwirtschaft dabei gute Dienste leisten. Legen Sie „kreative Schubladen" an – zum Beispiel für Zeitungsausrisse, für überraschende Bildmotive und für handschriftliche Ideennotizen. Je mehr sich diese Schubladen füllen, umso mehr Themen und Gedanken tragen Sie auch unbewusst mit sich spazieren. Alle paar Wochen durchwühlen und durchforsten Sie diese Schubladen. Und schon lässt die Illumination nicht mehr lange auf sich warten. Mal ehrlich: Neben allen unseren digitalen Medien und Speicherorten tut es doch auch ganz gut, ein paar kreative Ideen und Gedanken in greifbare analoge Schubladen zu stopfen. Schubladen sind die geheimen Inkubatoren der kreativen Überflieger.

## Vier-Phasen-Modell der Kreativität nach Wallas

Präparation – Definition und Erörterung des Problems
Inkubation  – die Lösung reift heran, zum Teil unbewusst
Illumination – die Idee springt in unser Bewusstsein
Verifikation  – der neue Gedanke wird geprüft und entwickelt

# Der 360-Grad-Ideenradar

Stellen Sie sich vor, Sie dürften einen Spielplatz erfinden – einen 10 × 10 Meter großen Kinderspielplatz. Wie viele Möglichkeiten gäbe es, diesen Spielplatz zu gestalten? Richtig, unendlich viele! Und wenn Sie den Spielplatz dann fertig erfunden haben, woher wissen Sie dann, dass Ihr Modell besonders toll ist? Vielleicht ist es gar nicht so toll! Denn wenn es unendlich viele Möglichkeiten gibt, dann könnte Ihr Spielplatz ein ziemlich durchschnittlicher Spielplatz sein, oder?

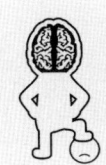

In diesem Gedankenspiel steckt ein Dilemma: Wenn wir etwas Neues ersonnen haben, wissen wir nie, ob es nicht noch eine bessere, perfektere, nützlichere Alternative gegeben hätte. Die Zeit läuft. Und irgendwann müssen wir entscheiden: Diese Idee ist es jetzt.

Sie können allerdings dafür sorgen, dass Sie auf Ihrer Ideensuche das unendliche „Feld aller Möglichkeiten" in möglichst viele Richtungen beschreiten – und nicht von vornherein in nur eine Richtung losdenken. Ich nenne diese Technik den „360-Grad-Ideenradar": Zunächst entwickeln Sie acht möglichst unterschiedliche Grundideen. Aus jeder dieser acht Grundideen entwickeln Sie drei etwas konkretere Konzeptideen. In Summe haben Sie jetzt 24 Alternativen. Erst jetzt machen Sie einen Schritt zurück, bewerten alle Konzeptideen und entscheiden sich für Ihren Favoriten. So können Sie sicher sein, dass Sie nicht die „erstbeste Idee" umsetzen, sondern eine wirklich gute. Mindestens.

**Das Feld der Möglichkeiten ist unendlich groß.**
**Beschreiten Sie es in alle Richtungen!**

# Der Gruppendruck-Gegendruck

Sind Sie Querdenker? Dann sind Sie in Gruppen nicht sehr beliebt. Warum? Querdenker können beim Denken die Richtung wechseln. Querdenker widersprechen, sie stören den Kuschelkonsens, sie machen sich mit ihren Ansichten unbeliebt.

Manchmal allerdings ist der Druck, sich einer Gruppe anzupassen, so groß, dass selbst geübte Querdenker plötzlich wieder geradeaus denken. Das ist eine böse psychologische Falle, die Sie kennen sollten. Denn die Gefahr ist groß, dass Sie Ihre Ansichten unter Gruppendruck ändern. Das passiert schnell mal, ohne dass es Ihnen bewusst wird. Eine Idee, die Sie vor einem Meeting noch grandios fanden, erscheint Ihnen am Ende des Meetings plötzlich unsinnig. Die Gruppe hat Ihnen Ihre eigene Idee madig gemacht.

Der beste Schutz vor dieser Gruppendruck-Falle sind Verbündete. Gehen Sie mit einer neuen Idee nie ohne Verbündete in ein Meeting oder in eine Gesprächsrunde. Schon ein einziger Verbündeter nimmt dem Gruppendruck die kritische Stärke und beugt der Gefahr vor, dass Sie Ihre Idee plötzlich selbst bescheuert finden. Und das wollen wir ja nicht.


In seinem Buch „The Wisdom of Crowds" beschreibt der US-amerikanische Journalist James Surowiecki zahlreiche Experimente aus der Sozialpsychologie, die zeigen, wie sehr unsere Wahrnehmungen und Bewertungen durch Konformitätsdruck beeinflusst werden: Wenn mehrere Menschen zwei ungleich lange Striche als gleich lang wahrnehmen, dann trauen wir diesen Menschen eher als unseren eigenen Augen.

# Das Bilder-Wirk-Prinzip

Ist Ihnen das auch schon aufgefallen? Bilder im Kopf haben eine magische Wirkung. Sie wollen Wirklichkeit werden. Wenn Sie mit einer Tasse Kaffee über den teuren Teppich laufen, und Sie stellen sich bildlich vor, dass der Kaffee überläuft – dann läuft er über. Wenn Sie sich bildlich vorstellen, Sie haben lange Fingernägel und kratzen damit über eine Kreidetafel, dann tut das richtig weh. Oder das klassische Beispiel: Stellen Sie sich vor, Sie beißen in eine Zitrone – und schon verziehen Sie das Gesicht.

Wir sind in der Lage, mentale Bilder zu erzeugen, die eine reale Wirkung haben! Das ist eine unglaubliche Fähigkeit. Denn das bedeutet: Unsere Fantasie kann Realität produzieren. Wir sollten also unbedingt Bilder davon im Kopf haben, wie wir uns die Zukunft wünschen. Dieses innere „Zielbild" funktioniert wie ein Muster, das uns hilft, Chancen zu sehen, Menschen zu erkennen und Gelegenheiten zu ergreifen, die uns unserem Ziel ein Stück näher bringen.

Über die Wirkung von Bildern im Kopf ist viel geschrieben worden, auch in der esoterischen Literatur. In einem solchen Buch habe ich einmal gelesen, man solle mental einen Parkplatz visualisieren, und wenn man dann nach Hause käme, wäre vor der eigenen Haustür garantiert ein Parkplatz frei. Ich habe das eine Weile probiert und dann eine Garage gemietet. Dennoch: Die Wirkung von Bildern im Kopf ist ein psychologisches Grundprinzip. Nutzen Sie dieses Grundprinzip. Es hilft Ihnen, Ihre Zukunft zu gestalten.

 **Bilder im Kopf wollen Wirklichkeit werden. Setzen Sie sich Ziele in Bildern.**

# Kampfansage an den Bestätigungsfehler

Die Sichtweise ändern, die Perspektive wechseln, das klingt so leicht. Aber es gibt eine große Hürde: den sogenannten „Bestätigungsfehler". Der Begriff stammt aus der Kognitionspsychologie und meint, dass wir intuitiv Informationen bevorzugen, die unserer Vorstellung von der Wahrheit und der Welt entsprechen. Was eine neue Sichtweise eröffnen könnte, kommt gar nicht erst rein in den Kopf. Sie lesen doch vermutlich auch am liebsten eine Zeitung, die Ihre Meinung permanent bestätigt?

Auch der gute alte Aberglaube bietet Beispiele für den Bestätigungsfehler: Dass Sie einst an einem sonnigen „Freitag, dem 13." fröhlich mit Freunden im Biergarten saßen, wird schnell vergessen. Dass Sie am selben Tag einen teuren Strafzettel bekommen haben, werden Sie hingegen nicht vergessen, weil es den Aberglauben bestätigt. Dass wir alles, was nicht in unser Schema passt, schnell übersehen oder vergessen, behindert unsere Kreativität. Also: Raus aus dem Bestätigungskarussell. Zwingen Sie sich aktiv zum Ändern Ihrer Sichtweise.

**Drei Vorschläge für neue Sichtweisen**

- Gehen Sie in einen Debattierklub: Hier können Sie das Argumentieren außerhalb der eigenen Denkweisen üben, rhetorisch und argumentativ besser werden und jede Menge Spaß haben!

- Spielen Sie des Teufels Advokat: Nehmen Sie die Rolle Ihrer „Gegner" ein und nutzen Sie deren Argumente – das sind jene, die Sie ansonsten schnell übersehen oder links liegen lassen.

- Schreiben Sie Meinungen auf, von denen Sie heute überzeugt sind: Vergleichen Sie diese mit Ihren Ansichten drei, sechs und zwölf Monate später.

# Die „Was wäre wenn?"-Frage

Ist es nicht schade, dass wir uns im Laufe des Lebens immer weniger Fragen stellen, weil wir immer häufiger glauben, die Antworten schon zu kennen? Dabei sind Fragen – und das gezielte Infragestellen – der Schlüssel zu Veränderung und Innovation. Als hilfreiche Fragetechnik empfehle ich Ihnen die www-Frage: „Was wäre wenn?" Diese drei Wörter sind das perfekte Sprungbrett für Ihre Fantasie: Was wäre, wenn mein Portemonnaie sprechen könnte? Was wäre, wenn wir beim Fußball das Abseits abschafften? Was wäre, wenn ich morgen kündigte und mich übermorgen selbstständig machte?

Diese www-Fragen sorgen dafür, dass wir fantasievoll über alternative Szenarien nachdenken. Im Mittelpunkt der Frage steht meist eine Annahme, die unmöglich zu verwirklichen erscheint. Aber indem wir uns trotzdem fragen, „Was wäre wenn?", provozieren wir überraschende neue Ideen. In einem Gespräch oder einem Meeting können Sie jederzeit eine www-Runde aufrufen. Jeder stellt eine „Was wäre wenn"-Frage. Und schon geht die Ideensuche los. Was wäre, wenn Sie das einfach mal ausprobieren?

### Lassen Sie Ihrer Fantasie freien Lauf

- Was wäre, wenn Grillen nur im Winter erlaubt wäre?
- Was wäre, wenn Häuser keine Türen mehr hätten?
- Was wäre, wenn Eltern das Geschlecht ihres Kindes festlegten?
- Was wäre, wenn Bücher sich ganz von selbst schreiben würden?
- Was wäre, wenn der Mindestlohn wieder abgeschafft würde?
- Was wäre, wenn Elvis plötzlich auftauchte?

# Das Sinn-im-Unsinn-Prinzip

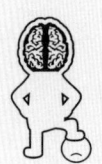

Manchmal macht man sich kreative Gedanken über Probleme, die man dann gar nicht hat. So erging es mir mit dem neuen Flughafen in Berlin. Kurz vor der ersten Verschiebung des Eröffnungstermins habe ich mit einer Gruppe von Studenten ein Brainstorming durchgeführt, um gute Ideen gegen Fluglärm zu finden – möglichst ungewöhnliche Ideen. An ein paar Vorschläge erinnere ich mich besonders gerne:

Wie wäre es mit der Entwicklung von Kleidungsstücken, in die ein Lärmschutz eingearbeitet wird – zum Beispiel eine Mütze mit Ohrenschützern? Daraus könnte man ein ganzes Modelabel machen: „Silent Heaven". Man könnte sich auch vornehmen, die Lärmbelästigung mit einem Lärmometer zu messen – und die festgestellte Dezibelzahl in Freimeilen der verursachenden Airline umzurechnen. Dieses Konzept trug den Namen „Miles & Ohr". Oder wie wäre es, Flugzeuge zu bauen, die wie Vogelgezwitscher klingen? Diese Idee ist ein gutes Beispiel dafür, dass in einer scheinbar unsinnigen Idee ein sinnvolles Konzept stecken kann – in diesem Fall die Optimierung des Sounddesigns von Triebwerken. Die Industrie ist gerade dabei. Was wäre Ihre verrückteste Idee gegen Fluglärm?

# Erfrischender Alltagsaustausch

Ist es nicht paradox: Je mehr sich Partner aneinander gewöhnen, umso größer ist die Gefahr, dass sie sich auseinanderleben. Die Vertrautheit birgt Gefahren. Alles läuft immer irgendwie gleich. Und wir wissen ja sowieso schon, was der andere denkt und fühlt und möchte. Wir haben ziemlich feste Annahmen darüber, wie unser Partner die Welt sieht. Aber vielleicht sieht er die Welt inzwischen ganz anders. Im ganz normalen Alltag verbringen wir ja, in Stunden gerechnet, gar nicht besonders viel Zeit miteinander. Der Austausch über die „anderen" Stunden des Tages, über Erlebnisse im Job und mit Freunden, kommt häufig zu kurz.

Hier ein Vorschlag, wie Sie spielerisch mehr vom Alltag des anderen mitbekommen. Dazu brauchen Sie nichts, was Sie nicht ohnehin ständig dabeihaben: Ihr Handy mit Kamera, einen Stift – und Ihre Kreativität! Besorgen Sie zudem zwei kleine Notizbücher, die Sie regelmäßig austauschen. Denken Sie sich jeden Tag eine kleine Aufgabe aus, die die Zeit betrifft, in der Sie nicht zusammen sind. Zum Beispiel: Wie lautete der lustigste Satz, den ich heute am Arbeitsplatz gehört habe? Oder: Welche Werbung hat mich heute am meisten genervt? Auch Ihr Smartphone kommt zum Einsatz: Fotografieren Sie beide etwas Gelbes, Lautes oder Stinkendes. Oder vereinbaren Sie, dass Sie genau dann ein Foto machen, wenn Sie irgendetwas an Ihren Partner erinnert. Das kann ziemlich erkenntnisreich sein! Bestaunen Sie abends bei einem gemütlichen Glas Wein die Notizen und Ihre Ergebnisse – und lassen Sie sich die nächste Aufgabe einfallen. Sie werden lachen, reden, entspannen. Gemeinsam und einfach mal anders.

**Vorschläge für den Alltagsaustausch**

- Malen Sie Ihr Mittagessen in Ihr Notizbuch.
- Überlegen Sie Wörter des Tages, die Sie beide in Gespräche einbauen.
- Fotografieren Sie Ihre Aussicht um Punkt 14.00 Uhr.
- Lauschen Sie auf dem Heimweg einem Gespräch und erzählen Sie es abends nach.
- Suchen Sie nach einer „4" oder einem „W", und machen Sie ein Foto davon.

# Der Bananen-Pistolen-Effekt

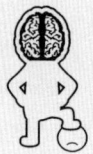

Diese Illustration hier zeigt mich mit einer Banane, die ich als Pistole benutze. Mit dieser Bildidee hat mich einer der Illustratoren begeistert, mit denen ich auf einer Crowdsourcing-Plattform im Internet zusammenarbeite. Mein „Opfer" hält die Banane offensichtlich für eine Pistole. Hier passiert genau das, was uns im Leben häufig geschieht: Wir ziehen einen falschen Schluss aus einer Wahrnehmung, die nur einen Bruchteil der Wirklichkeit abbildet und hinter der sich bei näherer Betrachtung etwas ganz anderes verbirgt. Nennen wir das den „Bananen-Pistolen-Effekt". Wie kommt man am besten raus aus einem solchen Denkfehler? Einfach umdrehen, die Augen aufmachen – und in alle Richtungen schauen.

# Die TV-Zapping-Zufallsmethode

Es gibt eine ganze Menge Kreativitätstechniken, die auf den Zufall abzielen – also darauf, dass Sie durch eine absichtlich herbeigeführte Verknüpfung Ihres Problems mit einem völlig anderen Thema plötzlich auf eine Lösung stoßen. Wenn Sie zum Beispiel eine Idee für den nächsten Familienurlaub suchen, dann zufällig den Duden aufschlagen und auf ein beliebiges Wort tippen, dann könnte Sie dieses Wort auf die ultimative Urlaubsidee bringen.

Ich probiere das jetzt – im Moment des Schreibens – live für Sie aus. Und ich verspreche hoch und heilig, nicht zu schummeln. Vor mir liegt der Duden. Los geht's: Ich tippe auf „Interludium". Das ist ein Zwischenspiel. Die Idee: Vielleicht sollte ich in besonders arbeitsreichen Monaten häufiger einen Kurzurlaub als Zwischenspiel einlegen. Nächster Versuch: Ich tippe auf „sechsachsig", das steht unter „sechs". Das erinnert mich sofort an die lustigen Vehikel, auf denen Touristen im Kreis sitzen, in die Pedale treten und biertrinkend durch Berlin Mitte rollen. Die Idee: ein Urlaub mit Freunden, bei dem Sie völlig die Sau rauslassen – wie die Touristen auf der Friedrichstraße. Letzte Runde: Ich tippe auf „Kognomen". Gott sei Dank steht die Definition gleich dahinter. Kognomen sind Beinamen der Römer. Das klingt nach Bildungsreise. Viel Spaß in Rom! Sie dürfen dieses Spielchen gern mit Ihrem eigenen Duden fortsetzen.

Eine richtig lustige Zufallsmethode ist auch TV-Zapping. Schreiben Sie auf einen Zettel, was für eine Idee Sie gerade suchen. Zum Beispiel: „Ein Thema fürs Betriebsfest". Anschließend wechseln Sie alle 30 Sekunden den Sender. Ich verspreche Ihnen: Sie werden viele spontane Anregungen, Inspirationen und Querverbindungen finden. Besonders lustig ist diese Methode in kleinen Gruppen. Einer übernimmt das Zappen, und die anderen brainstormen und machen sich Notizen. Das bringt mich auf eine geniale Idee: eine Fernbedienung mit einer „Ideen-Taste", die alle 30 Sekunden von allein den Sender wechselt. Das wäre der perfekte Ideensuchlauf!

Blättern Sie in diesem Buch. Tippen Sie auf ein beliebiges Wort. Bringt Sie das zufällig auf eine Idee?

# Der Schritt-zurück-Effekt

Häufig finden wir keine optimale Lösung, weil wir zu dicht am jeweiligen Problem kleben. Ein Beispiel: Sie bauen gerade eine Wohnung und fragen sich: „Welche Art Tür passt am besten zwischen diese beiden Zimmer?" Einen Schritt zurück gedacht, lautet die Frage ganz anders, nämlich: „Wie könnte eine Verbindung zwischen diesen beiden Räumen aussehen?" Sie wechseln also in die nächsthöhere Kategorie, statt an Ihrem Problem zu kleben. Und sofort kommen Ihnen viel mehr Ideen als einfach nur eine Tür: vom Vorhang über die Glaswand bis hin zum Bücherregal als Raumteiler.

Einen Schritt zurück zu machen, weg vom Problem, ist immer dann hilfreich, wenn Sie sich in ein Problem verbissen haben. Dieser Schritt zurück kann auch bedeuten, dass Sie eine Pause einlegen, statt krampfhaft weiter nach der Lösung zu suchen. Dieser Schritt zurück kann bedeuten, dass Sie einen Menschen weniger oft sehen und sich Freiräume zugestehen – falls es sich um ein Beziehungsproblem handelt. Und dieser Schritt zurück kann bedeuten, dass Sie räumlich auf Abstand zu dem Problem gehen und in einer ganz anderen Umgebung die Ideensuche fortsetzen. Jede Art von Abstand reduziert den Stress, den uns ein Problem bereiten kann. Und wenn kreatives Denken einen natürlichen Feind hat, dann ist es Stress.

 **Machen Sie einen Schritt zurück, statt an Ihrem Problem zu kleben. Dann sehen Sie die Lösung viel schneller.**

# Das Brückenschläger-Prinzip

Innovationen entstehen an Schnittstellen. An Schnittstellen können sich Gedanken begegnen und gegenseitig befruchten. Deshalb gilt: Je mehr Kontakte Sie haben, umso mehr Ideen können Sie produzieren. Netzwerke sorgen für die Innovationsfähigkeit von Menschen, Teams und Organisationen. Darum sollten Sie intensiv an Ihren Netzwerken basteln, wenn Sie ein Top-Innovator werden wollen.

Es gibt allerdings eine Einschränkung: Vergessen Sie das Netzwerken mit Gleichgesinnten. Hören Sie auf, sich gegenseitig immer wieder dieselben Geschichten zu erzählen und sich dieselben Sichtweisen zu bestätigen. Schlagen Sie stattdessen Brücken: in andere Teams, in andere Branchen, in andere Lebensbereiche, zu Menschen mit anderen Denkweisen.

Der US-amerikanische Soziologe Ronald S. Burt hat nachgewiesen, dass Mitarbeiter dann besonders gute und anwendbare Ideen haben, wenn sie im Job informelle Kontakte über sogenannte „strukturelle Löcher" hinweg pflegen. Diese Löcher sind vor allem Abteilungs- und Funktionsgrenzen. Es kommt also nicht in erster Linie auf die Anzahl der Kontakte an. Im Gegenteil, Sie können sehr viel Zeit mit vielen banalen, engen Kontakten verplempern. Es kommt auf die Bandbreite und Vielseitigkeit der Kontakte an.

**So werden Sie zum ideenreichen Brückenschläger**

- Fragen Sie Kollegen aus anderen Bereichen um Rat.
- Halten Sie sich häufig im Foyer und am Empfang auf.
- Verabreden Sie sich mittags mit ganz unterschiedlichen Menschen.
- Nutzen Sie Netzwerkangebote und Ideenplattformen.
- Geben Sie Projektteams konstruktives Feedback.
- Lernen Sie auf Teamevents richtig viele Kollegen kennen.
- Machen Sie sich einen Namen.

# Der Lebendig-durch-Deadline-Effekt

Gern erinnere ich mich an meine Zeit als Texter in der Werbeagentur Springer & Jacoby Ende der 1980er-Jahre in Hamburg. Die Agentur war die unangefochtene Nummer eins unter den Kreativschmieden in Deutschland. Was glauben Sie, wann wir am kreativsten waren? Wenn die Deadline für die Präsentation einer Kampagne nur noch zwei oder drei Tage entfernt war.

Dann wurde der Hahn aufgedreht, aus dem die Ideen sprudeln. Dann wurde gesponnen, gealbert, gelacht, geblättert. Dann wurde unsere „kreative Pille" – ein Rugbyball – besonders vehement durch den langen Flur unserer Unit 1 gepfeffert. Hartwig Keuntje, Jean-Remy von Matt, Michael Weigert: Allen Top-Kreativen der Agentur konnte ich beim Ideenspinnen unter Zeitdruck zuschauen. Und Zeitdruck gab es eigentlich immer.

Aber sind Deadlines fürs kreative Arbeiten grundsätzlich hilfreich? Darauf gibt es keine ganz eindeutige Antwort. Fest steht: Ambitionierte Deadlines sind hilfreich für Menschen, die über ein hohes Leistungspotenzial für Kreativität verfügen. Menschen mit niedrigem Leistungspotenzial werden mit zunehmendem Zeitdruck hingegen immer unkreativer – ganz linear, bis der Kopf dicht ist. Eine Deadline verstärkt also das kreative Potenzial, im Positiven wie im Negativen.

### Der richtige Umgang mit Deadlines

- Behalten Sie Ihre Deadlines unter Kontrolle.
- Vereinbaren Sie mit Dritten nur realistische Deadlines.
- Setzen Sie sich interne Deadlines, die etwas früher liegen.
- Vereinbaren Sie Deadlines mit sich selbst für eigene Projekte.
- Bleiben Sie eigenen Deadlines so treu wie externen Deadlines.
- Priorisieren Sie alle Projekte, und kennen Sie das Ende der Liste.
- Streichen Sie notfalls Projekte vom Ende der Prio-Liste.
- Suchen Sie Entspannung, auch wenn es zeitlich mal eng wird.

# Das wundersame Gedankenwandern

Stellen Sie sich zwei Fußgänger vor. Der eine verbringt ein Wochenende in Berlin und sucht hektisch den Weg vom Hotel zum Brandenburger Tor. Der andere macht einen Ausflug in die Uckermark. Dort wandert er entspannt und ohne konkretes Ziel durch die wunderschöne Landschaft. Er schaut mal rechts und blinzelt mal links, lauscht und sinniert und lässt seine Füße entscheiden, wohin sie den nächsten Schritt tun. So unterschiedlich wie diese beiden Fußgänger unterwegs sind, so unterschiedlich kann auch Ihr Gehirn unterwegs sein. Entweder denken Sie konvergent auf eine konkrete Lösung oder ein konkretes Ziel hin. Oder Sie denken divergent in alle Richtungen und lassen die Gedanken wandern.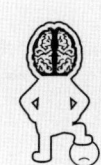

Früher dachte man, dass das Gehirn beim Problemlösen und beim Entscheiden, also in sogenannten „executive functions", höchst aktiv ist – und beim mentalen Schlendern einfach ein bisschen runterfährt. 2001 allerdings entdeckte der US-amerikanische Neurologe Marcus E. Raichle mittels bildgebender Verfahren, dass das Gehirn auch beim vermeintlichen Nichtstun aktiv ist. Ein Netzwerk bestimmter Gehirnregionen – das Default Mode Network – ist für das Wandern unserer Gedanken zuständig. In diesem Modus spinnen wir Tagträume, finden Assoziationen, ersinnen Zukunftsbilder. In diesem Modus ereignet sich zudem häufig der berühmte Aha-Moment, der uns verwehrt bleibt, wenn wir uns in ein Problem verbohren und die „executive functions" zu heiß laufen.

**Mein Tipp:** Organisieren Sie Ihre kreative Arbeit in zwei Phasen: Im ersten Schritt geht es darum, neugierig das Problem zu wälzen und das Denken aktiv auf eine Lösung auszurichten. Im zweiten Schritt sollten Sie loslassen und die Gedanken auf Wanderschaft schicken. Oder ganz praktisch: Wenn Sie am Schreibtisch nicht weiterkommen, einfach mal eine Runde durch den Park spazieren – und an nichts denken!

# Die V-V-Faustformel für kreative Teams

„Herzlich willkommen zum Brainstorming. Jeder eine Idee. Aber bitte nur solche Ideen, die dann auch wirklich funktionieren!" So klingt kreatives Klima, wenn es nicht vorhanden ist. Brauchbare Ideen lassen sich nicht per Anweisung herstellen. Sie lassen sich nicht abrufen wie ein Bauteil aus dem Lager – und schon gar nicht in schlecht instruierten Brainstormings. Wie aber entsteht in Teams und Organisationen ein kreatives Klima, in dem die Ideen fließen?

Für meinen Beitrag „Wann Einfälle sprießen" in der Zeitschrift managerSeminare habe ich Innovationsmanager interviewt und nach Erfolgsfaktoren für ein kreatives Klima gefragt. Die Antworten waren verblüffend simpel: „Wir reden offen miteinander", „Wir vernetzen die Teams", „Wir hören zu, wenn jemand anders einen Vorschlag hat", „Wir durchbrechen das Silodenken". Am Ende konnte ich fast alle Antworten zwei großen Kategorien zuordnen: Vernetzung und Vertrauen. Diese beiden V-Wörter sind der Schlüssel zum Innovationsklima. Jeder, der an seinem Arbeitsplatz die Vernetzung der Menschen miteinander und das gegenseitige Vertrauen fördert, macht das Unternehmen innovativer.

Wenn Sie jetzt schnell mit beiden Händen das V-Zeichen machen, einmal für Vernetzung und einmal für Vertrauen, dann spüren Sie, wie viel Kraft in dieser Faustformel für kreative Teams steckt!

**Die zwei wichtigsten Voraussetzungen für ein kreatives Klima im Unternehmen: Vernetzung und Vertrauen.**

# Das Schwarze-Klamotten-Klischee

Herzlich willkommen im Land der Ideen! „Deutschland – Land der Ideen",
so heißt eine große Initiative von Politik und Wirtschaft. Falls es Sie interessiert, welche Art von Ideen in Deutschland gerade so gesponnen, umgesetzt und ausgezeichnet wird, dann schauen Sie doch unter www.land-der-
ideen.de nach.

Die Preisträger des Wettbewerbs „Ausgezeichnete Orte im Land der
Ideen" kommen regelmäßig zu Netzwerktreffen zusammen. Seit einiger Zeit habe ich das Vergnügen, diese Treffen zu moderieren. Und
wissen Sie, was mir bei der Begegnung mit diesen Top-Kreativen
immer wieder aufgefallen ist? Das sind ganz normale Menschen. So
wie Sie und ich. Kein bestimmtes Alter, keine bestimmten Klamotten,
kein bestimmtes Berufsbild. Aber eines haben alle gemeinsam: die Leidenschaft für ihre Idee. Sie glauben gar nicht, wie begeistert die Preisträger sich gegenseitig von ihren Projekten erzählen, sich austauschen, sich
vernetzen und neue gemeinsame Projekte anschieben.

Grund genug aufzuräumen mit dem Vorurteil, dass die Top-Kreativen
schwarze Klamotten und Hornbrillen tragen, mit ihrem Apple in einem Café
in Friedrichshain rumsitzen und es sich wahlweise um Werbetexter oder
Start-upper handelt. Das Einzige, was zählt, ist die Leidenschaft für die eigene Idee. „Herzblutleidenschaft", wie es der geniale Redner und Autor Gunter Dueck nennt. Es könnte also sein, dass auch Sie ein Top-Kreativer sind.

 **Kreative pfeifen auf Klischees. Denn Leidenschaft
schlägt Hornbrille!**

# Die vier Verhaltensweisen
# der Innovatoren

Fragen Sie sich auch manchmal, was die Top-Innovatoren eigentlich anders machen? Eine Studie der amerikanischen Innovationsexperten Dyer, Gregersen und Christensen, vorgestellt in ihrem Buch „The Innovator's DNA", hat gezeigt, dass es im Kern vier Verhaltensweisen sind, die einen typischen kreativen Überflieger – den Steve Jobs in uns – auszeichnen:

Erstens: Ein Innovator fragt und hinterfragt viel. Zweitens: Er beobachtet seine Umwelt sehr genau – insbesondere seine Kunden, wenn es ums Business geht. Drittens: Er kommuniziert sehr offen und vernetzt sich mit anderen Menschen. Und viertens: Er spielt und experimentiert leidenschaftlich gern. Alle vier Verhaltensweisen können Sie ab sofort aktiv und bewusst in Ihrem Alltag anwenden. Dann steigen die Chancen auf gute Ideen ganz automatisch. Vielleicht gehören auch Sie dann schon bald zu den Top-Innovatoren.

# Die Siegfried & Roy-Methode

Zu den kreativsten Menschen überhaupt zählen Zauberkünstler. Warum das? Zauberer denken sich irgendetwas völlig Unmögliches aus. Und dann finden sie eine Möglichkeit, dieses völlig Unmögliche möglich zu machen. Zauberkünstler denken vom Ergebnis, vom Verblüffungsmoment des Zuschauers her. Und genau das ist der Trick!

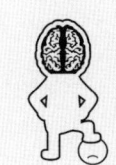

Das Kaninchen soll verschwinden? Okay! Wo ist Platz für den doppelten Boden? Die Jungfrau soll schweben? Okay! Wie bauen wir eine unsichtbare Halterung? Der Zuschauer soll das Herz-Ass ziehen? Okay! Wie kann man seine scheinbar freie Wahl beeinflussen? Denken Sie wie ein Zauberkünstler. Denken Sie immer zuerst das scheinbar Unmögliche. Und fragen Sie sich erst im zweiten Schritt, wie Sie zum Ziel kommen. Wer nur das bereits Mögliche denkt, der schafft nichts Neues.

Als Kind habe ich in der Lübecker Fußgängerzone meinen ersten Zauberkünstler live erlebt: Der ältere Herr hat Kartentricks vorgeführt und die präparierten Spiele für viel Geld verkauft. Ich habe mein gesamtes Taschengeld investiert – und, ohne dass es mir bewusst war: in meine Zukunft. Als Zauberkünstler habe ich später neben meinem Studium die professionelle Arbeit auf der Bühne erlernt. Absoluter Höhepunkt dieser Zeit war eine Einladung von Siegfried & Roy nach Las Vegas. Hier konnte ich das kreative Wirken der beiden Superstars der Zauberkunst hautnah erleben und studieren.

**Sie sind zu einem kleinen Gedankenspiel eingeladen:**

Stellen Sie sich vor, Sie nehmen an der Weltmeisterschaft der Zauberkünstler teil. Sie haben zehn Minuten Zeit, Ihre sensationelle neue Zaubernummer zu präsentieren. Was passiert in dieser Zaubernummer? Was hat die Welt noch nicht gesehen? Worüber würde das Publikum wirklich noch staunen?

# Kreativ ist das neue Schlau

Bitte nicht erschrecken, aber es ist eine Tatsache: Wir werden immer dümmer. Zumindest relativ betrachtet. Das Wissen der Welt verdoppelt sich ungefähr nach zwei runden Geburtstagen. Zweimal nullen, und wir haben den Salat. Kein Mensch wäre jemals in der Lage, sich all dieses Wissen anzueignen. Inzwischen ist aus der Flut eine Explosion geworden. Und daraus resultiert dieses unangenehme Gefühl, immer dümmer zu werden.

Jetzt die gute Nachricht: Wirklich schlau zu sein bedeutet nicht, möglichst viel Wissen im Kopf zu haben. Wirklich schlau zu sein bedeutet, Wissen kreativ anzuwenden und verfügbare Informationen neu und nützlich miteinander verknüpfen zu können. Deshalb lautet mein Tipp: Lernen Sie lieber Kreativitätstechniken als Faktenwissen. Mit Blick in die Zukunft ist eines ganz sicher: „Kreativ ist das neue Schlau!"

**Neues in der Übersicht**

- Sitzen ist das neue Rauchen.
- Achtzig ist das neue Sechzig.
- Weniger ist das neue Mehr.
- Afrika ist das neue Asien.
- Höflich ist das neue Cool.
- Teilen ist das neue Haben.
- Anders ist das neue Normal.
- Kreativ ist das neue Schlau.

# Die Ideen-Rettungssätze

Die Welt ist ungerecht: Wenn der Chef eine Idee hat, dann finden alle die Idee super. Wenn ein Assistent genau dieselbe Idee hat, dann finden alle die Idee unsinnig. Wie gut oder schlecht eine Idee wirklich ist, das gerät dabei aus dem Fokus. In hierarchischen Strukturen werden Ideen häufig nach Absender oder nach Status bewertet, nicht nach Qualität. In solchen Organisationen überleben häufig nur die Ideen der Chefs oder die Ideen teuer eingekaufter Experten und Berater.

Stellen Sie sich ein Projektmeeting für den nächsten Kundenevent vor. Für ein paar Minuten kommt der Chef dazu. Wenn er jetzt die Idee hat, bei dem Event Billardtische aufzustellen, wow, dann finden das alle super. Selbst wenn die Veranstaltung auf einem Schiff mit entsprechendem Seegang stattfindet: Keiner äußert Einwände. Erst hinterher wird gelästert. Wenn Sie in einem solchen Unternehmen arbeiten, dann nichts wie weg!

Es gibt allerdings einen Trick, wie Sie eigene Ideen in hierarchischen Strukturen nach oben durchdrücken: Tun Sie einfach so, als wäre die Idee gar nicht von Ihnen selbst, sondern von jemandem irgendwo „ganz oben". Oder als hätte die Idee bereits den Segen von Top-Experten. Oder als würde die Idee von Trendsettern diskutiert. Durch diese kleine Finte werden Ideen in den Augen hierarchie- und statusgläubiger Kollegen aufgewertet. Und die Überlebenschancen erhöhen sich deutlich. Hier eine Auswahl entsprechender Formulierungen:

### Ideen-Rettungssätze

- Im Management soll ja die Idee kursieren …
- Ich habe neulich in einer Fachzeitschrift etwas über eine Idee gelesen …
- Offensichtlich gibt es einen neuen Trend …
- Unser Wettbewerber soll an der folgenden Idee arbeiten …
- Im Flieger hat mir jemand von einer Idee erzählt …

# Der Einfach-mal-anders-laufen-Ratschlag

Woher wollen Sie wissen, dass Sie auf dem richtigen Weg sind, wenn Sie im Leben immer nur geradeaus und in dieselbe Richtung marschieren? Es lohnt sich, ab und zu die Umgebung zu erkunden. Sie werden neue Wegweiser entdecken, über Querverbindungen überrascht sein – und vielleicht sogar neue Ziele ins Auge fassen.

Umwege erweitern die Ortskenntnis. Und das Erstaunliche ist: Alle Menschen, die einen wirklich beeindruckenden Lebensweg gegangen sind, werden Ihnen von solchen Umwegen erzählen – und davon, wie diese Umwege am Ende auf den richtigen Weg geführt haben. Auf den ganz eigenen.

**Kommen Sie ruhig mal vom Weg ab. Was Sie auf Umwegen entdecken, kann Sie Ihrem Ziel schneller näher bringen als der geplante Weg.**

# Die mentale Geisterfahrer-Gefahr

Vielleicht kennen Sie das Phänomen: Sie fahren auf Ihrem Weg von der Arbeit nach Hause jeden Tag dieselbe Strecke. Wenn Sie zu Hause angekommen sind, können Sie sich an nichts mehr erinnern, was auf dem Weg passiert ist. Das liegt an Ihrem mentalen Autopiloten.

Dieser mentale Autopilot ist äußerst praktisch, denn er spart Energie und Aufmerksamkeit. Sie können unterwegs Musik hören, sich unterhalten oder den nächsten Tag planen. Ihr Autopilot bringt Sie nach Hause. Sie kommen automatisch zu Hause an – auch wenn Sie da gar nicht hinwollen. Und genau das ist das Problem. Unser mentaler Autopilot ist nur so lange hilfreich, wie sich das Ziel nicht ändert.

Wenn sich das Ziel ändert, wenn Sie neue Ziele haben, privat oder beruflich, dann müssen Sie den Autopiloten ausschalten und das Gehirn wieder einschalten. Sie müssen neue Wege für Ihre neuen Ziele finden. Ansonsten brettert Ihr Autopilot in die gewohnte alte Richtung los – und erweist sich als Geisterfahrer im Kopf!

Auch in Unternehmen gibt es den Autopiloten in Form automatisierter Prozesse. Und auch hier gilt: Alles, was automatisiert abläuft, ist effizient. Das gilt aber nur, solange sich das Ziel nicht ändert. Was nützt zum Beispiel ein voll automatisierter Vertriebsprozess zum Verkauf von Lebensversicherungen, wenn die Kunden aufgrund niedriger Garantiezinsen ihre Sparziele nicht mehr erreichen?

# Die kürzeste Killerphrase aller Zeiten

Wenn der Wecker klingelt, muss man aufstehen. Ist so! Der Chef nervt mal wieder. Ist so! Und die Politiker machen sowieso nur, was sie wollen. Ist so! Andauernd benutzen Menschen diese beiden kleinen Wörter. Und was bewirken sie? Sie bilden die kürzeste Killerphrase aller Zeiten. Diese fünf Buchstaben blockieren unsere Kreativität und verhindern Veränderung. Denn wer „Ist so!" sagt oder denkt, der fragt sich selten: „Geht das auch anders?"

Spitzen Sie in den nächsten Tagen aktiv die Ohren. Immer wenn jemand sagt: „Ist so!", dann fragen Sie zurück: „Muss das so sein?" Sie werden staunen, wie schnell diese kurze Rückfrage für Aufmerksamkeit sorgt und die Denkweise der Menschen verändern kann.

Übrigens: Der kleine Bruder von „Ist so!" heißt „Muss ja!" – und ist ebenfalls sehr beliebt. Die autoritäre Schwester heißt „Lass das!" und der depressive Neffe „Wird nix!". Leider ist die buckelige Verwandtschaft der Killerphrasen ziemlich groß. Man sollte sie sich komplett vom Halse halten!

### Gängige Killerphrasen im Business

„Das haben wir schon immer so gemacht."
„Das kriegen wir intern sowieso nicht durch."
„Wir müssen realistisch bleiben."
„Gute Idee, aber das funktioniert nicht."
„Dafür haben wir kein Budget."
„Lasst uns nicht die Zeit mit Unsinn verschwenden."
„Leute, das ist nicht on strategy."
„Das ist historisch so gewachsen."

# Das Zappelphilipp-Prinzip

Ist Ihnen schon einmal aufgefallen, dass Menschen, die intensiv nach einer Lösung für ein Problem suchen, nicht stillsitzen können? Sie bewegen sich. Sie pirschen im Besprechungsraum wie die Tiger hin und her. Sie fuchteln mit Händen und Füßen in der Luft herum, wuscheln sich durch die Haare und schlagen sich die Hand vor die Stirn. Der Aha-Moment scheint sich quasi aus dem Körper heraus zu zappeln. Das geht zwar manchmal auf Kosten der Etikette. Aber was ist schon Etikette im Vergleich zu einer brillanten Idee?

Tatsache ist, wir sind kreativer in Bewegung. Oder frei nach Descartes: Wenn sich der Körper bewegt, bewegt sich auch der Geist. Ich kenne einen hochbezahlten Berater, bekannt für seine außergewöhnliche Kreativität, der schmeißt sich zum Erstaunen der anderen Teilnehmer in Meetings regelmäßig auf den Fußboden – und steht mit neuen Ideen wieder auf. Nicht wenige Top-Manager und Unternehmer berichten, dass sie ihre Eingebungen beim Joggen haben oder beim Radfahren. Es lohnt sich also, sich ein bisschen mehr zu bewegen im Alltag.

Planen Sie Brainstormings lieber am Stehtisch als im Ledersessel. Gehen Sie beim Telefonieren auf und ab. Spazieren, golfen, bergwandern Sie gemeinsam mit Ihren Partnern und Kollegen, wenn Sie inspirierende Gespräche führen wollen. Machen Sie sich locker, indem Sie sich schütteln von Kopf bis Fuß, bis die Ideen sprudeln. Also keine Scheu. Heute schon gezappelt?

# Die Stalking-Liebeserklärung

Willentliches und wiederholtes Nachstellen, auch Stalking genannt, ist eine üble Sache, ja sogar ein Straftatbestand. Lassen Sie uns das Thema als Querdenker betrachten: Kreativität bedeutet ja auch, die Dinge ins Gegenteil zu verkehren. Also machen wir aus dem willentlichen und wiederholten Nachstellen doch einfach etwas Positives, Schönes und Lustiges. Dem Partner willentlich und wiederholt nachzustellen, kann unter anderen Vorzeichen ein äußerst kreativer Liebesbeweis sein. Hier ein paar Vorschläge:

- Bitten Sie jemanden, eine Liebeserklärung im Schreibtisch Ihres Partners zu verstecken.

- Malen Sie mit Kreide große Herzen mit Ihren Initialen auf den Heimweg Ihres Partners.

- Verstreuen Sie 100 Lieblingsblumen vor der Haustür Ihres Partners (die im besten Fall auch Ihre ist) und legen Sie eine Liebesbotschaft dazu.

- Schleichen Sie vor Ihrem Partner in den Supermarkt, und platzieren Sie ein Kuscheltier im Regal mit dem Müsli, das er an dem Tag noch kaufen will.

- Schicken Sie am Jahrestag Ihres Kennenlernens alle zehn Minuten eine SMS mit blumigsten Liebesnachrichten an Ihren Partner.

- Fahren Sie Ihrem Partner, verkleidet mit Hut und Sonnenbrille, so heimlich hinterher, dass er Sie auf jeden Fall erkennt.

- Hängen Sie sich ein überlebensgroßes Foto Ihres Partners übers Bett. Freuen Sie sich auf seine Reaktion, wenn er abends nach Hause kommt …

# Denken-müssen

„Wie sieht der Moment aus, in dem die Ideen entstehen?" So lautete die kreative Aufgabe, die ich als Wettbewerb in einem Crowdsourcing-Portal platziert hatte. Diese Illustration hier war eine der besonders originellen Beiträge. Der Denker, die weltberühmte Plastik von Auguste Rodin, sitzt auf dem Ort, der fürs Ideenfinden besonders berühmt ist. Das lassen wir einfach mal auf uns wirken. An welchem Ort haben Sie die besten Ideen, wenn Sie über etwas nachdenken müssen?

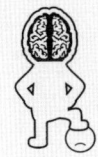

# Die Einfach-irgendwo-anfangen-Strategie

„Aller Anfang ist schwer!" Dieser Glaubenssatz hat sich in unser Gehirn gefräst. Und tatsächlich, bevor Sie mit irgendetwas Neuem loslegen, fallen Ihnen garantiert noch tausend andere Sachen ein, die zu erledigen sind: die Wohnung aufräumen, einkaufen gehen, E-Mails sortieren, jemanden anrufen. Und ehe Sie sich versehen, ist wieder wertvolle Zeit vergangen. Dabei hatten Sie sich doch fest vorgenommen, heute wirklich loszulegen. Stattdessen sind Sie mit der Umsetzung Ihrer Idee keinen Schritt weitergekommen. Und wenn das zwei, drei Tage in Folge passiert, dann sind Sie so frustriert, dass Sie die Umsetzung einer Idee vielleicht ganz aufgeben.

Aller Anfang ist schwer. Aber warum eigentlich? Weil wir im Vorfeld nicht wissen können, wie und wo wir am besten anfangen sollten! Rückblickend weiß man das. Aber das nützt vorher nichts. Die Lösung lautet deshalb: Fangen Sie irgendwo an! Ganz egal wo! Irgendwo! Hauptsache, Sie fangen überhaupt an. Wenn Sie einen Stuhl bauen wollen, leihen Sie sich eine Säge. Wenn Sie ein Buch schreiben wollen, schreiben Sie Seite 43. Wenn Sie sich selbstständig machen wollen, malen Sie Ihre Vision auf einen Bierdeckel.

Es kommt nicht darauf an, logisch richtig zu starten oder sofort einen Erfolg zu erzielen. Es kommt darauf an, einen ersten Schritt zu machen. Nur dann kann ein zweiter folgen. Und ein dritter. Nur dann kann Ihr Projekt Schwung aufnehmen. Wenn Sie sich also das nächste Mal dabei ertappen, dass Sie die Wohnung aufräumen, obwohl Sie eigentlich an der Umsetzung einer Idee arbeiten wollten, Notbremse ziehen – und irgendeinen ersten Schritt machen.

**Sie wollen loslegen? Dann starten Sie mit dem Anfangen am besten gleich zu Beginn!**

# Die Bekannt-ist-King-Falle

„Lieber ein bekanntes Elend als eine unbekannte Freude." Das sagt der Volksmund. Oder konkreter: Das denkt das Volkshirn. Wir bevorzugen, was wir kennen. Das gilt häufig sogar für den Fall, dass uns dadurch ein möglicher Nutzen oder Vorteil durch die Lappen geht.

Eine Erklärung für dieses Phänomen liefern die Studien des US-amerikanischen Psychologen Robert Boleslaw Zajonc zum sogenannten „Mere-Exposure-Effekt": Nach wiederholter Wahrnehmung einer Sache bewerten wir diese tendenziell positiver als etwas ganz Neues. Warum ist das so? Vermutlich soll uns dieser Effekt helfen, etwas Sicheres von etwas Gefährlichem zu unterscheiden. Das ist die Logik der Evolution: Was wir schon mehrfach erlebt haben, das kann uns offensichtlich nicht umbringen. Bei etwas ganz Neuem kann man da nicht so sicher sein.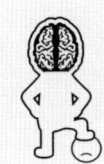

Diese Tendenz, sich auf das Bekannte und vermeintlich Sichere zu verlassen, lässt uns allerdings wertvolle Chancen verpassen. Bekannt und vermeintlich sicher ist zum Beispiel das Sparbuch. Der Deutsche kennt sein Sparbuch. Der Deutsche liebt sein Sparbuch. Aber im Niedrigzinsumfeld ist das Sparbuch eine eher gefährliche Anlageform. Die gefühlte Sicherheit des Sparbuchs hindert viele Menschen daran, ein angemessenes Risikoverständnis für andere Anlageformen wie zum Beispiel Aktien zu entwickeln. Das Niedrigzinsumfeld ist eine neue Normalität. Genau wie der digitale Wandel. Oder die alternde Gesellschaft.

 **Ideen und Lösungen für die Anpassung an neue Normalitäten gibt es häufig schon. Wir müssen nur bereit sein, die Veränderung mitzugehen.**

# Die Papierflieger-Papierkorb-Erleuchtung

Auf einer Tagung sollten die Teilnehmer lernen, Gewohnheiten zu durchbrechen. Als Moderator habe ich dort eine Aktion durchgeführt, die auf verblüffende Weise zeigt, wie sehr wir an alten Denkmustern hängen. Mit dieser Aktion können Sie auch Ihre Kollegen in Erstaunen versetzen, wenn in einer Kaffeepause ein bisschen Zeit ist:

Jeder bekommt ein DIN-A4-großes Blatt Papier. Die Instruktion lautet „einen Flieger aus Papier" herzustellen und in einen Papierkorb zu werfen, der drei Meter weit entfernt steht. Jeder hat drei Würfe. Wer die meisten Treffer erzielt, gewinnt. Sie lassen Ihre Kollegen beginnen und werfen selbst ganz am Schluss. Während Ihre Kollegen mit Glück ein- oder zweimal treffen, landen Sie selbst sicher drei Treffer. Warum? Weil alle Ihre Kollegen auf alte Strategien zurückgegriffen haben – und nur Sie am Schluss eine ganz andere Lösung parat hatten!

Was genau ist passiert? Sobald Sie Ihren Kollegen ein Blatt Papier in die Hand drücken und sie darum bitten, einen „Flieger aus Papier" herzustellen, denkt jeder sofort an die Papierflieger aus der Schulzeit, also an die Origamitechniken, mit denen wir als Kinder Flugzeuge gefaltet haben. Allerdings ist es sehr schwer, mit diesen Fliegern einen Papierkorb auf eine Distanz von drei Metern zu treffen. Sie dagegen haben am Schluss ebenfalls einen Flieger aus Papier hergestellt. Aber eine ganz andere Art von Flieger, der nicht dem Muster entspricht. Sie haben den Bogen Papier zu einer Kugel zusammengeknäuelt. Eine solche Papierkugel lässt sich ganz einfach in einen Papierkorb werfen. Treffer, Treffer, Treffer.

In vielen Teams ist das Erstaunen darüber groß, welche hilfreichen Softwarefunktionen die anderen benutzen, die man selbst noch gar nicht kannte. Ich selbst habe sehr gestaunt, als mir ein Kollege zeigte, wie man während einer PowerPoint-Präsentation jede beliebige Folie aufrufen kann, indem man deren Nummer eingibt und auf Enter drückt. Treffer.

# Die Puzzleteil-Sammel-Jagd

Wer auf Ideensuche ist, ist auf der Jagd. Auf dieser Jagd wird Ihnen nie eine Idee als fertiges Ganzes vor die Flinte laufen. Vor der Erleuchtung müssen Sie sich als Sammler betätigen: Pirschen Sie aufmerksam durch die Welt, und notieren Sie sich Gedanken, Beobachtungen, Ansätze. Halten Sie alles fest, was mit Ihrem Thema, mit Ihrem Problem oder Ihrer Herausforderung zu tun hat. Am besten eignet sich dafür ein kleines Ideenbüchlein. Aber auch die Notizfunktion auf Ihrem Smartphone oder der Audiorecorder sind gut geeignet. Irgendwann werden diese Puzzleteile ein großes Ganzes, eine Lösung, eine Idee ergeben. Manchmal ganz unverhofft. Das Jagen der Kreativen nach genialen Ideen ist in Wahrheit ein geduldiges Sammeln.

# Der Schule-fällt-aus-Effekt

Sie sind sieben Jahre alt – und die Schule fällt aus. Sie haben den ganzen Tag Zeit. Was würden Sie tun? Wo würden Sie hingehen? Wen würden Sie treffen? Ein wunderbares Gedankenspiel. Lassen Sie sich darauf ein. Nehmen Sie sich ein paar Minuten, machen Sie eine mentale Reise zurück in Ihre Kindheit, und lassen Sie die Gedanken fliegen. Wozu das Ganze? Die Erinnerung an unsere Kindheit macht uns kreativer! Zu diesem Ergebnis kommt eine Studie der North Dakota University.

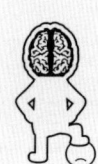

In einem Experiment wurden Hunderte Studenten in zwei Gruppen aufgeteilt. Die erste Gruppe machte eine mentale Reise in die Kindheit und stellte sich vor, die Schule fiele aus. Die zweite Gruppe unternahm keine mentale Reise in die Kindheit und stellte sich vor, die Uni fiele aus. Beide Gruppen machten nach diesem Gedankenspiel einen Torrance Test. Das ist ein Standardtest zur Ermittlung kreativer Denkfähigkeiten. Und siehe da: Die Studenten, die sich zuvor in ihre Kindheit zurückversetzt hatten, lieferten kreativere Ergebnisse.

Für mich bestätigt dieser Test einmal mehr, wie inspirierend es ist, die Welt mit den Augen der Kinder zu sehen. Das geschieht entweder durch die Erinnerung an unsere eigene Kindheit oder durch die Beobachtung der Kinder um uns herum. Die Kür allerdings besteht darin, sich aktiv in den Modus des Kindseins hineinzuversetzen. Nicht nur mental. Sondern ganz praktisch. Durch Spielen, durch Albern, durch das Brechen von Regeln. Denn im Grunde bedeutet kreativ sein: Kind sein.

*Jedes Kind ist ein Künstler. Die Herausforderung ist, ein Künstler zu bleiben, wenn man älter wird.*

PICASSO

# Kreativer als der Chef erlaubt

„Bei der Arbeit komme ich selten auf gute Ideen." Das höre ich nach meinen Vorträgen immer wieder. Und wenn ich dann frage, wie viel Arbeitszeit für die Ideenfindung vorgesehen ist, oder ob es neben dem normalen Arbeitsplatz einen separaten Kreativplatz gibt, dann ist die Verwunderung groß. Extra Zeit? Einen extra Ort? Gibt's bei uns nicht!

Ideen zu produzieren ist – man höre und staune – ein Produktionsprozess. Wer etwas produzieren will, der braucht bestimmte Ressourcen. Zuallererst Zeit. Dann eine geeignete Umgebung. Und die richtigen Methoden. Der große Irrsinn in vielen Unternehmen besteht darin, dass Mitarbeiter ihre Kreativität und ihre Ideen einbringen sollen, gleichzeitig aber mit immer mehr Arbeit überschüttet werden. „Kreativ arbeiten? Wann soll ich das denn noch machen?"

Wenn Ihnen im Job der Freiraum für kreatives Arbeiten fehlt, dann sollten Sie sich diesen Freiraum erkämpfen: Im ersten Schritt priorisieren Sie alle Ihre Aufgaben und Termine. Dann streichen Sie Unwichtiges, sodass pro Woche 2 x 2 Stunden verfügbar werden. Das ist Ihre „heilige Kreativzeit". Diese 2 x 2 Stunden tragen Sie an zwei verschiedenen Tagen fest im Kalender ein. In dieser Zeit sind Mails, Telefonate und alle anderen Ablenkungen tabu. Kollegen sind nur als Teil der kreativen Arbeit erwünscht. Im besten Fall begeben Sie sich an einen anderen Ort, an dem Sie sich zu 100 Prozent fokussieren können. Endlich können Sie nun hemmungslos Ideen spinnen und mit Leidenschaft kreativ arbeiten.

Sie haben sich Freiräume für kreatives Arbeiten organisiert? Falls ein Vorgesetzter fragt, was denn plötzlich mit Ihnen los ist, kontern Sie sinngemäß so: „Wie gewünscht denke ich als Mitarbeiter unternehmerisch: Ich habe mir eigenverantwortlich die notwendige Zeit organisiert, um neue Ideen zu finden, die uns noch effizienter und erfolgreicher machen!" Was soll ein Chef dagegen noch sagen?

# Die lösungsorientierte 3 × 3-Methode

Falls Sie das Gefühl haben, dass der Alltag voller kleiner Probleme steckt, die den Blick auf die schönen Dinge verstellen, dann ist diese Methode genau richtig für Sie. Die 3 × 3-Methode hilft Ihnen, Prioritäten zu setzen und sich auf Lösungen zu fokussieren:

> Notieren Sie auf einem Blatt Papier die drei Herausforderungen, die Sie gerade am allermeisten beschäftigen – und zwar aus den drei Bereichen Job, Privatleben und Hobby. Zum Beispiel: den neuen Kollegen einarbeiten, mehr Zeit für die Familie haben, endlich Tango lernen. Zu jeder dieser drei Herausforderungen notieren Sie drei Ideen, also insgesamt neun Ideen, wie Sie Ihre aktuellen Herausforderungen kreativ meistern können.

Das Schöne daran: Sie haben plötzlich dreimal mehr Lösungen als Probleme auf dem Zettel – und damit auch im Kopf. Sie fangen automatisch an, in Lösungen zu denken statt in Problemen. Und wer in Lösungen denkt, der kommt viel schneller ans Ziel. Außerdem haben Sie mit dieser kleinen Mindmap eine Ideenliste angelegt, auf der Sie jederzeit weitere Einfälle notieren können.

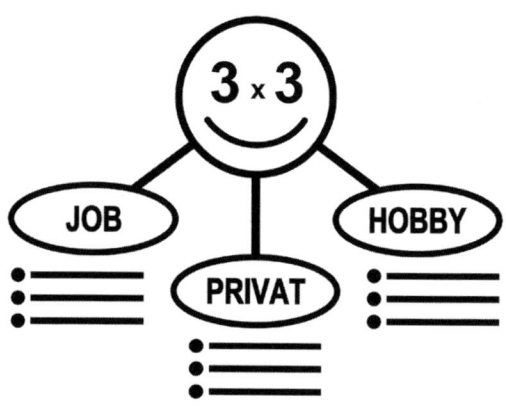

# Die planbare Zufalls-Methode

In der Literatur über Kreativität taucht immer wieder heldenhaft der Zufall auf. Amerika, Viagra, Kartoffelchips, Penicillin, ja sogar die Schwerkraft: alles zufällig entdeckt. Teebeutel, Röntgenstrahlen und Klettverschluss: gäbe es ohne Zufall nicht. Der Zufall ist ein Superstar. Allerdings mit einer Einschränkung: Von ganz allein passiert auch zufällig nichts. Um zufällig den Partner fürs Leben zu finden, muss ich unter Leute gehen. Um zufällig im Lotto zu gewinnen, muss ich Kreuzchen machen. Um zufällig auf eine gute Idee zu kommen, brauche ich Inspiration und Impulse von außen. Und dafür gibt es Methoden.

Sehr beliebt ist die Zufallswort-Methode. Schnappen Sie sich ein Wörterbuch, schlagen Sie zufällig irgendeine Seite auf und tippen Sie zufällig auf irgendein Wort. Dann lassen Sie sich von diesem „Zufall" inspirieren. Nehmen wir an, Sie suchen eine Idee fürs nächste Wochenende, und Ihr Zufallswort lautet „Narbe". Dann könnte Sie das auf die Idee bringen, jemanden im Krankenhaus zu besuchen, einen Actionfilm anzuschauen oder mit Nadel und Faden ein paar Klamotten in Ordnung zu bringen. Sie können Zufallswörter auch im Netz finden – und die Inspirationsquellen um Bilder, Maps und News erweitern.

Der Zufall ist der Moment, in dem Ihnen ein Gedanke „zufällt", der sich in verblüffender Weise mit Ihrem Problem zu einer Lösung kombinieren lässt. Ein solcher Gedanke fällt Ihnen umso wahrscheinlicher zu, je mehr Gedanken Ihnen insgesamt zufallen. Sorgen Sie also dafür, dass Ihnen wahnsinnig viele neue Gedanken zufallen: Dann ist der richtige irgendwann dabei!

### Wie Sie den Zufall für Einfälle nutzen können

- Blättern Sie im Wörterbuch; ein Zufallswort bringt Sie auf neue Ideen.
- Gehen Sie spazieren; zufällige Beobachtungen helfen Ihnen auf die Sprünge.
- Fragen Sie Menschen, die Sie zufällig treffen, nach ihren Ideen.
- Gehen Sie shoppen, ohne etwas zu kaufen. Inspiration ist kostenfrei.
- Blättern Sie in Zeitschriften; Zufallsthemen geben Anregungen.
- Geben Sie Stichwörter Ihres Projekts in Suchmaschinen ein; die Treffer liefern Denkanstöße.
- Vergessen Sie die Ideensuche, Ihr Unterbewusstsein sucht für Sie weiter.

# Die Annahmen-abschalten-Annahme

Wir rennen durchs Leben mit einem Kopf voller Annahmen: Autos haben vier Räder. Wachstum schafft Arbeitsplätze. Ein Stein fällt nach unten. Joghurt isst man mit einem Löffel. Und drei mal drei macht neun. Wir haben unendlich viele Annahmen über die Welt, wie sie ist. Ein kreativer Kopf allerdings will die Welt nicht so, wie sie ist. Er will sie anders. Und darum lautet meine Lieblingsannahme: Schalten Sie Ihre Annahmen ab, dann kommen Sie auf neue Ideen.

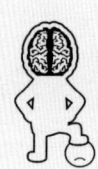

Machen wir einen Zeitsprung, etwa 70 Jahre zurück. Ein junger Vater, sein Name ist Edwin Land, fotografiert seine 3-jährige Tochter. Die Tochter sagt: „Papa, zeig mal, ich will das Bild sehen!" Der lacht und antwortet: „Leider ist das nicht möglich, meine Kleine, das Foto muss doch erst entwickelt werden." Aber das ist der kleinen Tochter völlig egal: „Papa, ich will das Bild sehen, sofort!" Was macht der Vater? Er hinterfragt seine eigene feste Annahme, nach der ein Foto im Labor entwickelt werden muss – und erfindet die Sofortbildkamera. Die kleine Tochter, und das ist das Geschenk der Kindheit, hatte diese Annahme noch gar nicht im Kopf.

Unsere Annahmen erscheinen uns so selbstverständlich, dass wir sie ohne äußeren Anstoß kaum anzweifeln. Einen äußeren Anstoß können Sie sich selbst geben. Fragen Sie sich häufiger: „Wovon gehe ich hier eigentlich aus?" Oder im Team: „Wovon gehen wir hier eigentlich aus?" Dann platzt der Knoten schneller als erwartet.

# Die 6-20-1-Methode für große Gruppen

Falls Sie für eine größere Gruppe eine wirksame und motivierende Kreativmethode suchen: Hier ist sie. Ich habe diese Methode für meine Einsätze als Moderator und Speaker entwickelt und beste Erfahrungen damit gemacht. Die Teilnehmer vernetzen sich miteinander, generieren unterschiedlichste Ideen und präsentieren sich die Ergebnisse gegenseitig im Plenum. „6-20-1" steht für: „Sechs Teilnehmer suchen 20 Minuten lang Ideen zu einer sehr gezielten kreativen Fragestellung."

Zunächst stellen Sie im Plenum die kreative Fragestellung vor. Diese hängt natürlich von den Inhalten der Tagung ab. Hier ein paar Beispiele: „Wenn unsere Erfolgsstory ein Kinofilm wäre, wie würde er heißen?" oder „Mit welchem Produkt werden wir 2025 unsere Kunden begeistern" oder „Welchen Beruf müssen wir für unsere Branche erst noch erfinden?". Danach teilen Sie das Plenum in kleine Gruppen mit jeweils sechs Teilnehmern auf. Für jede Gruppe steht ein Stehtisch bereit. Darauf liegen Notizpapier, Stifte, eine große Pappe und ein paar dicke Filzstifte. Die Teilnehmer stellen sich kurz vor, starten ein Brainstorming und halten ihre beste Idee auf der großen Pappe fest. Ein Gruppensprecher bringt diese Pappe mit zurück ins Plenum.

Und dann kommt der Showdown: Jeder Gruppensprecher präsentiert die Idee in einer 1-Minuten-Blitzpräsentation. Ganz am Schluss können Sie durch eine Applausabstimmung die Idee des Tages wählen lassen. Auf die Präsentation der Gruppen am Schluss freue ich mich immer ganz besonders. Zum einen wegen der Ideen – vor allem aber wegen der Begeisterung der Teilnehmer und ihrem Stolz auf die eigene Kreativität.

### Die 6-20-1-Methode

▪ Definieren Sie eine relevante, kreative Fragestellung.
▪ Teilen Sie das Plenum in Gruppen à sechs Teilnehmer.
▪ Geben Sie jeder Gruppe 20 Minuten Zeit für die Ideenfindung.
▪ Jeweils ein Gruppensprecher präsentiert die beste Idee.
▪ Ermitteln Sie über die Applausstärke die Idee des Tages.
▪ Moderieren Sie das Ganze mit Spaß und Begeisterung.

# Die Kurze-Wege-Suche

Manchmal ist das Leben wie ein Besuch bei Ikea. Man will eigentlich nur ein paar Teelichter, rennt aber einen halben Tag lang durch sämtliche Abteilungen – und hat am Ende ein neues Wohnzimmer im Einkaufswagen. Deshalb vermuten manche Menschen, Ikea bedeutet „Ich kaufe einfach alles". Gott sei Dank aber gibt es sogar im Möbelkaufhaus die Möglichkeit, den Weg abzukürzen. Man muss allerdings sehr genau hinschauen, um diese Abkürzungen zu entdecken. Auch im echten Leben gibt es viele kreative Abkürzungen, um schneller und effizienter ans Ziel zu kommen. Und auch im echten Leben muss man genau hinschauen, um diese Abkürzungen zu entdecken. Starten Sie Ihre „Kurze-Wege-Suche" noch heute. Welche Abläufe, Prozesse, Hierarchien, Regeln und Leitplanken jeder Art könnten Sie einfallsreich durchbrechen, um Zeit, Geld und Nerven zu sparen?

# Regelbrüche à la Marcus

Es gibt Menschen, die erleben immer das Gleiche. Sie stehen täglich mit dem rechten Bein auf, hören beim Frühstück ständig denselben Radiosender und verlassen minutengenau die Wohnung. Der Tag läuft im immer gleichen Rhythmus ab – bis die Nachttischlampe ausgeschaltet wird, Punkt 22.25 Uhr. Auf der anderen Seite gibt es Menschen, bei denen andauernd irgendetwas Neues passiert. Jeder Tag ist anders, Überraschungen zählen zum Alltag – wie der Schmetterling zum Frühjahr. Solche Menschen haben ein Blitzen in den Augen, den Schalk im Nacken und sie scheinen zu denken: „Was interessiert mich ein Plan nach starren Mustern?" Zu welcher Sorte Mensch Sie gehören, das entscheiden Sie selbst, und zwar jeden Morgen aufs Neue. Sie entscheiden selbst, ob Sie bereit sind, Regeln und Konventionen zu durchbrechen, Dinge auch einmal anders anzupacken, zu spielen und zu experimentieren – und dem Tag Überraschungen abzugewinnen.

Mein Freund Marcus zum Beispiel ist einer von der zweiten Sorte: Er sucht sich in Restaurants nie selbst das Essen aus, sondern bittet immer irgendeinen anderen Gast, etwas für ihn von der Karte zu wählen. Das hat neben der allgemeinen Verblüffung noch zwei weitere Vorteile: Erstens ernährt sich Marcus ausgesprochen vielseitig. Und zweitens kommt diese Art der Speisenauswahl seinem Kommunikationsdrang entgegen. Denn natürlich wird dieses skurrile Vorgehen an jedem Tisch sofort zum Gesprächsthema. Also: Einfach mal selbst ausprobieren und „fremd essen gehen"!

**Kleine Regelbrüche für Abwechslung im Alltag:**

- Im Supermarkt ein Selfie mit der Kassiererin machen
- Auf dem Bürostuhl durch den Flur zum Kopierer rollen
- Als Fußgänger am Zebrastreifen die Autos durchwinken
- Einen Tag lang jeden nach seinem Lieblingsbuch fragen
- Zwei unterschiedliche Strümpfe oder Schuhe tragen
- Hundert Prozent Trinkgeld geben und den Service loben
- Bei Hundeverbot am Seeweg einfach selbst laut bellen

# Was zählt ist: Name, Name, Name

Neulich habe ich einen Vortrag gehalten – in Andernach. Andernach nennt sich selbst „Die essbare Stadt". Da wird man neugierig, oder? Die essbare Stadt Andernach! Was steckt dahinter? Die Stadt hat für ihre Bürger öffentliche Grünflächen zum Anpflanzen von Obst und Gemüse freigegeben. Jeder darf die Stadt bepflanzen – und die Früchte seiner Arbeit hinterher aufessen.

Die Idee ist gut. Aber noch besser ist der Name: „Die essbare Stadt". Klingt verblüffend, macht neugierig, spricht sich rum. Eine tolle Headline. Was kann man daraus lernen? Es kommt nicht nur auf die Idee an, sondern auch auf einen leckeren Namen oder einen Aufreger, der einer Idee zum Durchbruch verhilft. Nach wie vor als Geniestreich gilt die Neuschöpfung „Unkaputtbar", die Coca-Cola Anfang der 1990er Jahre bei der Einführung der ersten PET-Mehrwegflasche verwendete. Alle, die sich über dieses unmögliche Wort aufgeregt haben, machten den Erfolg erst möglich. Übrigens: „Glühbirne" halte ich für einen der besten Namen für eine Innovation überhaupt – ein irre guter Vergleich, völlig unvergessbar.

Stellen Sie sich vor, Sie gründen eine Firma, die Namen erfindet und Werbetexte produziert. Wie würden Sie diese Firma nennen? Natürlich muss der Name für eine Firma, die Namen erfindet, sensationell gut sein. Wenn der Name schlecht ist, dann ist das ungefähr so peinlich wie ein Kreativitätstrainer, der keine Ideen hat. Der beste Name, den ich im Netz für einen solchen Dienstleister gefunden habe, war „gähnfrei". Schauen Sie mal unter www.gaehnfrei.de. Da finden Sie tolle weitere Beispiele.

**So wichtig wie für eine Immobilie eine gute Lage, so wichtig ist für eine Innovation ein guter Name.**

# Das Erstbeste-Ideen-Phänomen

Gibt es für jedes Problem eine Lösung? Nein! Es gibt für jedes Problem mehrere Lösungen. Manchmal unendlich viele. Wir haben uns allerdings angewöhnt, nicht lange zu suchen, sondern mit der erstbesten Idee zufrieden zu sein. Wenn wir Hunger haben, dann reicht uns der Besuch im Fastfood-Restaurant, obwohl ein Hamburger mit Pommes nun wirklich nicht die beste Idee ist. Trotzdem sind wir zufrieden. Wir vermeiden Aufwand, scheuen das Risiko, verzichten auf Anspruch: Hauptsache der Hunger lässt nach.

Ähnlich ist das bei der Ideenfindung in kreativen Prozessen. Wenn ein Texter eine Headline sucht, dann kann er verbales Fastfood nutzen: vorgekaute Headlines im Stil von „Jetzt neu für anspruchsvolle Genießer". Wenn ein Projektteam Ideen für eine Tagung sucht, dann liegt das Motto „Gemeinsam an die Spitze" sehr nahe. Und wenn Sie privat ein Geschenk für Onkel Otto suchen, dann wird es schnell mal eine gute Flasche Wein. Alles okay. Aber alles mittelmäßige, erstbeste Ideen. Keine allerbesten Ideen!

Es gibt eine magische Zahl: und zwar die 23. In einem kreativen Prozess werden die Ideen ungefähr ab der 23sten Idee richtig gut. Oder andersrum: Wenn Sie Gruppen in einem Workshop Ideen entwickeln lassen, dann ist im Schnitt jedes 23ste Ergebnis ein richtiger Knaller. Diese Zahl steht in keiner wissenschaftlichen Studie, sie ist meine persönliche Erfahrung. Vielleicht liegt die Zahl auch etwas niedriger oder etwas höher. Aber eines ist sicher: Sie ist zweistellig. Also hören Sie nie mit der Ideensuche auf, solange Sie weniger als zehn Ideen auf der Liste haben.

**Machen Sie den 23er-Test:**

Nehmen Sie sich Stift und Papier. Sie haben fünf Minuten Zeit. Schreiben Sie eine Ideenliste zu der Frage: „Was könnte ich tun, wenn ich das nächste Mal unterwegs Hunger habe?" Schreiben Sie ohne Unterbrechung, das ist eine wichtige Regel beim Brainwriting. Sie werden feststellen: Nach einem Dutzend naheliegender Ideen kommt langsam Abwechslung in die Liste. Und ab Idee 23 wird es richtig spannend!

# Das Langschläfer-Frühaufsteher-Paradoxon

Zu welcher Tageszeit sind Sie besonders kreativ? Morgens direkt nach dem Wachwerden? Abends vorm Einschlafen? Irgendwann zwischendurch? Oder vielleicht mitten in der Nacht? Weil nachts die Gefahr am größten ist, gute Ideen gleich wieder zu vergessen, habe ich immer ein kleines Notizbuch am Bett liegen. Neulich morgens war ich mir sicher, nachts eine gute Idee gehabt zu haben. Neugierig auf diese Idee habe ich in mein Notizbuch geschaut. Und darin stand etwas krakelig: „gute Idee gehabt". Ich liebe diese kleine Anekdote. Denn jeder von uns kennt das Gefühl: „Ich hatte doch vorhin eine Idee! Aber wie war die noch?"

Wann genau wir die besten Ideen haben, ist kein Zufall. Es hängt zum Beispiel davon ab, ob wir Langschläfer oder Frühaufsteher sind. Nun sollte man meinen, Frühaufsteher seien morgens fit und hätten dann die besten Ideen. Und Langschläfer seien abends fit und hätten dann die besten Ideen. Aber das Gegenteil ist der Fall. Wir sind dann kreativ, wenn wir gerade nicht besonders fit im Kopf sind. Das belegt eine Studie mit Studenten des Albion College in den USA. Während Frühaufsteher, die sogenannten „Lerchen", am späten Nachmittag gute Ideen hatten, waren die Langschläfer, die sogenannten „Eulen", morgens wesentlich kreativer.

Wenn unser Gehirn ein wenig runtergefahren ist und am besten gerade in einem Frequenzbereich von 8 bis 2 Hertz im Alpha-Modus tickt, dann ist offensichtlich eine gute Zeit zum Assoziieren, Ausdenken und Querdenken. Das zeigen viele Studien. Der einfachste Weg, kurz „auf Alpha" zu schalten, sieht so aus: die Augen schließen, entspannen und sich kurz von den Aufmerksamkeitsfressern dieser Welt entkoppeln.

# Erkenntnisreicher Partner-Rollentausch

Sie wissen genau, wie Ihr Partner reagiert, wenn ein bestimmtes Thema aufkommt, wenn er völlig überdreht und aufgekratzt ist, wenn keine Milch mehr im Haus ist, wenn es regnet oder heiß wird, wenn der Kellner zu lange braucht, wenn Sachen herumliegen oder wenn Sie ein kleines Geschenk mitbringen. Aber wissen Sie auch, wie es sich für ihn anfühlt?

Tauschen Sie doch einmal die Rollen in solchen Situationen – oder auch in neuen und unbekannten Situationen. Versetzen Sie sich in die Lage des anderen. Versuchen Sie, die Rollen überzeugend und authentisch zu spielen, sodass Sie die gegenseitigen Positionen wirklich erleben. Sie werden besser verstehen, wie Ihr Partner die Welt sieht.

Wenn Sie im Partner-Rollentausch ein wenig geübt sind, können Sie dieses Spiel auch in der Öffentlichkeit spielen: beim Shoppen, im Bus, auf Reisen. Oder Sie spielen das Spiel paarweise bei einem Abend mit Freunden. Sie werden viel Spaß haben. Und der Gott des Gemetzels wird Ihnen wohlgesonnen sein.

**Kleine Ideen für den Partner-Rollentausch**

- Tauschen Sie Ihre Essgewohnheiten, und mimen Sie sich gegenseitig.
- Tauschen Sie Ihre Meinungen und verteidigen diese bis aufs Messer.
- Tauschen Sie alltägliche Arbeiten, die sonst immer der andere übernimmt.
- Tauschen Sie die Seite, auf der Sie im Bett schlafen.
- Tauschen Sie die Zeitschriften, die Sie lesen.

 **Lieber die Perspektive wechseln als den Partner!**

# Die Anti-Chaos-Erfolgsformel

Von 1000 Menschen, die in einem kreativen Beruf arbeiten, bezeichnen sich nur sieben Menschen als richtig gut organisiert. Alle anderen haben entweder richtig gut organisierte Kollegen – oder sie haben ein echtes Problem. Denn Kreativität nützt herzlich wenig, wenn sie im Chaos versinkt.

Man kann das in eine einfache Formel fassen: Kreativität × Organisation = Ergebnis. Wenn jemand 100 Prozent kreativ ist, aber null Prozent organisiert, dann ist sein Arbeitsergebnis gleich null. Andererseits nützt eine perfekte Organisation rein gar nichts, wenn sie nicht mit neuen Ideen befeuert wird. Ihre persönliche Erfolgsformel könnte also lauten: Ab und zu eine gute Idee, ein gesundes Maß an Organisation, dazu etwas Fleiß und Geduld – und schon erzielen Sie Ergebnisse. Und zwar bessere Ergebnisse als die typischen kreativen Chaoten.

# Das Crowd-Salat-Rezept

Vorbei die Zeiten, in denen Ideen für Produkte am Flipchart entstanden. Vorbei die Zeiten, in denen ein Designer drei Vorschläge auf Pappen zum Kunden trug. Vorbei die Zeiten, in denen die Innovation erst fertig entwickelt und danach der Zielgruppe präsentiert wurde. Im Zeitalter des Internets gelten auch für kreative Prozesse neue Spielregeln. Das Zauberwort heißt Crowdsourcing: Die Menge, der Schwarm, das Netzwerk ist kreativ – und zwar kreativer, als ein Einzelner oder eine kleine Gruppe es je sein könnte.

Erst 2006 wurde der Begriff eingeführt. Seitdem ist der Anteil großer Unternehmen und Marken, die Crowdsourcing nutzen, von nahe null auf fast 90 Prozent gestiegen. Crowdsourcing bedeutet das Outsourcen der Ideensuche an die Crowd. Also an uns alle. Wir gestalten mit, wir bringen Ideen ein, wir wirken als Endverbraucher ganz am Anfang des kreativen Prozesses mit: Coca-Cola lässt die Flaschenkiste der Zukunft auf der Crowdsourcing-Plattform Jovoto entwickeln. Für Nescafé können Hobby-Werbeprofis Anzeigen über die Plattform Eyeka einreichen. Und bei 99designs kriegen Sie – falls Sie sich demnächst selbstständig machen – Ihr komplettes Firmendesign mit Logo für wenige Hundert Euro.

Auf vielen Crowdsourcing-Portalen finden Sie die Ausschreibung der Ideenwettbewerbe und die Darstellung der Gewinner. Schon deshalb sind die Portale eine tolle Inspiration. Natürlich können Sie auch selbst an Ideenwettbewerben teilnehmen oder eigene Ausschreibungen starten. Die Illustrationen in diesem Buch zum Beispiel sind fast alle auf der Plattform 99 designs entstanden.

**Beispiele für Crowdsourcing-Plattformen**

https://de.eyeka.com/contests
http://www.jovoto.com
http://99designs.de
https://www.innovationskraftwerk.de
http://www.onebillionminds.com
http://www.innocentive.com

# Die maltesische Musterbrecher-Lektion

Die Gefahr, dass wir im Laufe unseres Lebens immer unkreativer werden, ist relativ groß. Vom ersten bis fünften Lebensjahr dauert die Phase des „Warum?". Das sechste bis zehnte Lebensjahr gehört der Frage „Warum nicht?". Und ab dem zehnten Lebensjahr heißt die Devise „Darum!". So beschreibt es Edward de Bono, dessen Student ich am „Institute for the Design and Development of Thinking" an der Universität Malta sein durfte. Sobald wir groß sind, haben wir Antworten. Wir laufen nicht mehr mit neugierigen Fragezeichen in unseren Augen durch die Welt – sondern mit Ausrufezeichen.

De Bono hat ein wunderbares Wort für die erstarrten Muster in unserem Kopf: Frozen Perceptions, zu Eis erstarrte Wahrnehmungen. In seinen Vorlesungen malt er immer wieder sein Lieblingsbild auf die Tafel – eine Hauptstraße mit einem kleinen Abzweig. Der Abzweig: Das ist der kindliche, der kreative Weg, den wir als Erwachsene gern übersehen. Der Abzweig steht für die Alternativen, für die anderen Möglichkeiten. Aber wie finden wir diesen Abzweig – und damit die guten Ideen? Mit einem roten Marker zieht de Bono einen fetten Strich quer über die Hauptstraße. Wir finden den Abzweig, indem wir uns selbst den Weg abschneiden. Indem wir unser lineares, logisches Denken mit Absicht unterbrechen. Vollsperrung für das Denken in gewohnten Bahnen. Ab auf eine neue Spur. De Bono nennt diesen Ansatz „laterales Denken". Inzwischen steht das Wort im Oxford English Dictionary. Und ich kann jedem nur empfehlen, sich das laterale Denken hinter die Ohren zu schreiben – und zwischen den Ohren zu praktizieren. In diesem Buch finden Sie zahlreiche Anregungen dazu.

 **Bitte zwischen die Ohren schreiben: Laterales Denken ist der Versuch, ein Problem mit scheinbar unlogischen Methoden zu lösen, und dabei Muster mit Absicht zu durchbrechen.**

# Die fünf Innovationskultur-Beschleuniger

Was können Führungskräfte tun, damit sich in ihren Teams eine Innovationskultur entwickelt? Die Harvard-Professorin Teresa M. Amabile hat herausgefunden, was Menschen intrinsisch motiviert, kreativ zu denken und zu handeln. Hier die fünf Beschleuniger für Sie zusammengefasst:

■ Aktive Ermutigung
Ermutigen Sie Mitarbeiter, ihre eigenen Ideen zu kommunizieren und eigenen Ideen nachzugehen. Wertschätzen Sie ungewöhnliche Ideen und Gedanken. Und leben Sie damit, dass andere Menschen andere – und vielleicht bessere – Ideen haben könnten als Sie selbst.

■ Lösungsfreiheit einräumen
Definieren Sie Ziele, aber nicht den Weg dorthin. Überlassen Sie den Mitarbeitern, mit welchen Ideen und Lösungsansätzen sie das Ziel erreichen. Schenken Sie Vertrauen.

■ Ressourcen bereitstellen
Stellen Sie Mitarbeitern die erforderlichen Werkzeuge zur Verfügung. Schaffen Sie Zugang zum notwendigen Wissen. Definieren Sie Freiräume und „Frei-Zeiten" – frei vom Tagesgeschäft, frei von Ablenkungen, frei von Zwängen und Ordnung.

■ Gefühlte Kontrolle vermeiden
Die beiden größten Kreativblocker sind: gefühlte Kontrolle und formelle Strukturen. Schauen Sie Ihren Mitarbeitern also beim kreativen Arbeiten nicht ständig und bewertend über die Schulter.

■ Herausforderungen schaffen
Das Mitwirken am Erreichen eines ehrgeizigen Ziels setzt kreative Energien frei. Schreiben Sie interne Innovations-Awards aus. Und feiern Sie kreative Erfolge.

**Wenn ein Mangel an Innovationskultur besteht, dann meist nicht, weil Menschen nicht kreativ sind, sondern weil sie aktiv daran gehindert werden.**

# Foresight für Fortgeschrittene

Beim Blick in die Zukunft gibt es – da sind sich die Experten einig – drei recht unterschiedliche Sichtweisen: 1. auf das Wahrscheinliche, 2. auf das Denkbare und 3. auf das Mögliche. Das Wahrscheinliche kann ziemlich übel sein, denken wir nur an die Erderwärmung. Das Denkbare ist, so schön wir es uns auch ausmalen, in der echten Welt nicht immer realisierbar, eine Utopie. Also konzentrieren wir uns auf das Mögliche – zum Beispiel auf das Erreichen eines realistischen Ziels, das Ihren Wertvorstellungen entspricht. Beim Blick in die Zukunft sollten Sie sich das Erreichen dieses Ziels konkret und lebendig vorstellen, als sogenanntes Zielbild oder Wunschbild. Dann allerdings dürfen Sie eines nicht vergessen: das Loslaufen. Sonst stehen Sie auch in Zukunft noch da, sind keinen Schritt weiter – und schauen in die Röhre. Das ist weiß Gott nicht wünschenswert. Also Ziel anpeilen und Beine in die Hand nehmen. Nur dann kommen Sie auch an.

# Brain-Doping mit Paradoxien

Es gibt einen wunderbaren Wirkstoff, der unser Gehirn anregt und kreativ macht: das Paradoxon. Paradoxien sind scheinbar unauflösliche Widersprüche, häufig verpackt als Scherzfragen: Was passiert mit dem Loch, wenn der Käse weg ist? Wieso hat eine 24-Stunden-Tankstelle Türschlösser? Wenn man zum Hellseher geht, warum muss man dann einen Termin vereinbaren? Wenn ein Lügner sagt, dass er lügt, lügt er dann?

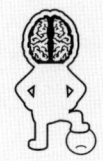

Unser Gehirn verfängt sich im logischen Widerspruch und wird gezwungen, zwei eigentlich unvereinbare Dinge gleichzeitig zu denken. Das bringt das Hirn auf Touren. Weil sich der Widerspruch nicht sofort auflösen lässt, entsteht eine spannungsvolle kognitive Dissonanz. Und diese Spannung entlädt sich gern in einem befreienden Lachen. Das Gehirn mit Paradoxien herauszufordern, macht aber nicht nur Spaß, es trainiert auch eine kreative Denkhaltung. Das Gegensätzliche immer gleich mitzudenken, gehört zum Wesen der Kreativität. „Das Gleiche lässt uns in Ruhe, aber der Widerspruch ist es, der uns produktiv macht." Sagte Goethe. Und ahnte vermutlich nicht, dass es irgendwann vegetarische Wurst geben würde.

Fassen wir es so zusammen: Alles bleibt anders. Nichts ist beständiger als die Veränderung. Und Regeln zu brechen ist die wichtigste Regel von allen. Aber natürlich dürfen Sie mir auch gern widersprechen.

*Als ich nach Hause kam, habe ich eine Überraschung erwartet. Aber da war keine Überraschung. Und das hat mich natürlich überrascht.*

NACH LUDWIG WITTGENSTEIN

# Die kreativitätstechnische 8-Prozent-Frauenquote

Ist Kreativität männlich? Sind die großen Genies vornehmlich Herren? Bitte zählen Sie selbst nach, wie wenige Frauen auf den ersten Plätzen in den Rankings und Hitlisten der größten Innovatoren aller Zeiten landen. Zum Beispiel in den Top 12 „Greatest Innovators" der Plattform The Start Up Guide. Da beträgt die Frauenquote gerade mal 8 Prozent. In anderen Rankings sieht es nicht besser aus.

Suchen Sie die Frau

1. Thomas Alva Edison
2. Steve Jobs
3. Nikola Tesla
4. Bill Gates
5. Benjamin Franklin
6. Leonardo da Vinci

7. Alexander Graham Bell
8. Sandford Fleming
9. Marie Curie
10. The Wright Brothers
11. Galileo Galilei
12. Richard Feynman

Die geringe Frauenquote bedeutet ganz sicher nicht, dass Frauen weniger kreativ sind. Solche Rankings spiegeln eher ein Phänomen wider, das Sie in jedem Meeting beobachten können: Männer heften sich gern die Lorbeeren an die Brust. Kaum steht eine gute Idee im Raum, zack, her damit! Mein Vorschlag an beide Geschlechter: Gehen Sie den smarten Weg, und kommunizieren Sie kreative Leistungen als Teamleistungen. Wenn ein Projekt erfolgreich war, dann lassen Sie sich als Team feiern. Senden Sie nicht einen einzelnen Teamsprecher auf die Bühne oder zum Präsentieren, sondern immer ein gemischtes Doppel. So dokumentieren Sie ein zeitgemäßes Verständnis von Innovation als Team- oder Netzwerkleistung.

**Innovationen sind keine Einzelleistungen.
Das Team oder Netzwerk zählt.**

# Die innovative Zukunftsreise

„Wie genau müssen unsere Produkte oder Dienstleistungen im Jahr 2030 aussehen, um dann noch erfolgreich zu sein?" Diese Frage treibt alle Unternehmen massiv um. Gerade das Jahr 2030 als Bezugszeitpunkt ist sehr beliebt. Dieser zeitliche Abstand lässt der Fantasie freien Lauf – und ist gleichzeitig noch greifbar genug.

Machen auch Sie im Team eine kreative Zukunftsreise. Werfen Sie gemeinsam einen Blick auf die Megatrends – und auf spezielle Trends Ihrer Branche. Seriösen Input dafür bekommen Sie zum Beispiel beim Zukunftsinstitut von Matthias Horx. Versuchen Sie dann, die relevanten Trends auf Ihre Produkte anzuwenden. Das funktioniert am besten, wenn Sie kleine Gruppen mit jeweils fünf bis sieben Teilnehmern bilden, in diesen Gruppen ein halbes Stündchen brainstormen und die Ideen schließlich als kleine Scribbles zu Papier bringen.

Ein Beispiel: In der Immobilienbranche – mein Steckenpferd – ist Energieeffizienz ein Riesenthema, ein echter Branchentrend. Zugleich steht der „unverrückbaren" Immobilie (scheinbar) der Megatrend Mobilität entgegen. Wenn Sie diese Trends beide auf die Immobilie der Zukunft anwenden und miteinander kombinieren, dann entsteht vielleicht das „Weltreisehaus": eine Art Hausboot, versorgt mit Windenergie, das es Ihnen ermöglicht, um die Welt zu reisen – und sich zugleich ganz geborgen in den eigenen vier Wänden zu fühlen.

# Das Vier-Bäume-Rätsel

Es war der 25. April 2007, als in Heilbronn eine 22-jährige Polizistin ermordet wurde. Die DNA-Spuren am Tatort waren identisch mit den Spuren vieler anderer Verbrechen an vielen anderen Tatorten in der Region. Eine Serientat mit einem Serientäter! Bei der Aufklärung waren Spürsinn und Kreativität zugleich gefragt. Zwei Jahre lang fahndete das Landeskriminalamt in Stuttgart fieberhaft nach dem „Phantom von Heilbronn".

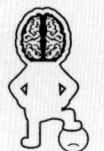

Dann allerdings stellte sich heraus: Die DNA-Spuren stammten nicht vom Täter, sondern von verunreinigten Wattestäbchen der Spurensicherung. Alle DNA-Spuren konnten einer Frau zugeordnet werden, die in der Verpackungsfirma für die Wattestäbchen arbeitete. Und das Phantom von Heilbronn löste sich in Luft auf.

Diese Geschichte ist mein Lieblingsbeispiel dafür, dass eine falsche und nicht hinterfragte Grundannahme jede Lösung eines Problems blockieren kann. In diesem Fall lautete die falsche Annahme: „Die DNA-Spur stammt vom Täter!" Aus dieser nicht hinterfragten Annahme wurde eine falsche Schlussfolgerung gezogen. Und diese Schlussfolgerung der Kripoexperten lautete: „Es muss immer derselbe Täter gewesen sein!" Entsprechend peinlich war dann die tatsächliche Erklärung der DNA-Spuren für die Ermittler. Aber wir sollten fair sein. Häufig genug stehen wir selbst vor Problemen, die wir nicht lösen können, weil eine falsche Grundannahme unser Denken blockiert.

Und damit sind wir beim Vier-Bäume-Rätsel. Jetzt sind Sie dran. Jetzt spielen Sie den Ermittler. Falls Ihnen die Lösung nicht einfällt, soll es Ihnen nicht besser ergehen als den Kollegen vom Landeskriminalamt in Stuttgart. Die Lösung finden Sie weder im Anhang dieses Buchs noch irgendwo auf den Kopf gestellt abgedruckt. Die Lösung finden Sie, wenn Sie eine Grundannahme hinterfragen, die Sie vermutlich beim Knobeln zunächst als gegeben ansehen. Los geht's.

Sie sind mein Gärtner. Ihre Aufgabe ist es, vier Bäume so einzupflanzen, dass alle vier denselben Abstand zueinander haben. Ich werde das kontrollieren: Jeder Baum hat zu jedem der drei anderen Bäume exakt denselben Abstand. Wie pflanzen Sie die Bäume ein?

# Die Liste der richtig guten Guru-Literatur

- Graham Wallas: „The Art of Thought" (1926)
  Der britische Sozialpsychologe beschreibt hier die vier Phasen des kreativen Prozesses. Sein Modell wird auch heute noch viel zitiert und genutzt.

- James Webb Young: „A Technique for Producing Ideas" (1939)
  Das kleine Buch über Kreativitätstechniken ist aus den Vorlesungen des US-amerikanischen Werbers entstanden. Gilt als Klassiker.

- Teresa M. Amabile: „Creativity in Context" (1983)
  Die US-Amerikanerin erforschte erstmals den sozialpsychologischen Aspekt der Kreativität. Sie gilt heute als führende Expertin für Innovationskultur.

- Edward de Bono: „Serious Creativity" (1992)
  Der maltesische Systemtheoretiker stellt hier seine umfassende Methodik des lateralen Denkens dar. Standardwerk und Fundgrube.

- Mihály Csíkszentmihályi: „Creativity" (1996)
  Der Entdecker des Flow-Erlebens widmet sich in diesem Buch auf Grundlage seiner umfangreichen Forschung der Psychologie der Kreativität.

- Robert J. Sternberg (Hrsg.): „Handbook of Creativity" (1999)
  450 Seiten umfassendes und viel zitiertes Kompendium. Hier tummeln sich namhafte Wissenschaftler. Deckt das Thema vielseitig ab.

- Tom und David Kelley: „The Art of Innovation" (2001)
  Die Gründer der US-amerikanischen Design- und Innovationsfirma IDEO beschreiben den Innovationsprozess in der Praxis.

# Das Geschenkideen-Paradoxon

Irgendwann ist es mal wieder so weit, und Sie suchen ein Geschenk. Das nutzt der Handel schamlos aus und bietet Ihnen jede Menge sogenannter „Geschenkideen" an. Solche Geschenkideen – Krawatten mit Sternzeichen, Tassen mit Vornamen, musizierende Klappkarten, kitschige Jahresbücher oder zellophanierte Geschenkkörbe – sind natürlich gar keine echten Geschenkideen. Ideen kann man per Definition nicht fertig kaufen, das wäre paradox. Man muss schon selbst darauf kommen. Die Produkte, die uns der Handel als kreative Ideen verkaufen will, müssten eigentlich ganz anders heißen, zum Beispiel „Präsente 08/15" oder „Happy Standard".

Wenn Sie eine echte, eigene Geschenkidee suchen, dann gehen Sie um Gottes willen nicht shoppen. Schon gar nicht in Läden für Geschenkideen. Leisten Sie zunächst ein wenig mentale Vorarbeit: Versuchen Sie sich an gemeinsame Erlebnisse und Gespräche mit dem Geschenkempfänger zu erinnern. Was sind seine Hobbys, Vorlieben und Leidenschaften? Was würde ihn positiv überraschen? Wenn Sie sich auf diese Art und Weise in den Beschenkten hineindenken, dann finden Sie Ideen, die wirklich einmalig sind – und unbezahlbar. Noch ein Tipp: Warten Sie nicht bis kurz vor dem Anlass. Schlagen Sie auch im Laufe des Jahres zu, wenn Ihnen etwas Passendes über den Weg läuft. Sonst freut sich am Ende nur der Geschenkideenhändler.

**Hitliste der einfallslosen Geschenkideen**

- Geschenkkörbe in Plastikfolie mit großer Schleife
- Pralinenschachteln, die schon mehrfach verschenkt wurden
- Geldscheine in Umschlägen voll mit Konfetti
- Belanglose Bildbände vom Büchergrabbeltisch
- Gutscheine für den großen Technikdiscounter
- Versehentlich dasselbe Geschenk wie im letzten Jahr

# Die Ideen-Verkaufsformel

Ich kenne viele Menschen, die zwar gute Ideen haben, diese Ideen aber nicht in ein paar knappen Worten erklären können. Häufig ist das der Grund, warum eine Idee keine Unterstützung findet. Weil man einfach nicht kapiert, was die Idee eigentlich soll. Wenn Sie eine Idee haben, dann müssen Sie diese Idee in einem Satz verkaufen können. Thomas Alva Edison zum Beispiel hätte über die Glühbirne sagen können: Diese Idee sorgt dafür, dass Menschen auch bei Dunkelheit lesen können.

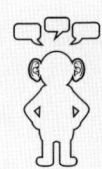

Der Satz hat den perfekten Anfang: „Diese Idee sorgt dafür, dass ...“ Wenn Sie über Ihre Ideen sprechen, dann starten Sie genau so: „Diese Idee sorgt dafür, dass ...“ Schon steht der Nutzen Ihrer Idee im Mittelpunkt – und das erhöht die Überlebenschance ganz erheblich. Denn aus einer Idee wird erst dann eine Innovation, wenn sie einen relevanten Nutzen hat. Diese Verkaufsformel stammt von Andreas Buhr, Experte für Führung und Vertrieb, und Autor des Buchs „Vertrieb geht heute anders“.

Als kleines, amüsantes Training können Sie diese Verkaufsformel auf Produkte und Erfindungen anwenden, die es schon lange gibt. Sie werden überrascht sein, wie schwierig es ist, den Nutzen vertrauter Dinge in einem Satz mit maximal zehn Wörtern auf den Punkt zu bringen. Versuchen Sie es!

**Bringen Sie den Nutzen auf den Punkt**

- Ein Computer sorgt dafür, dass ...
- Das Rad sorgt dafür, dass ...
- Ein Suppenteller sorgt dafür, dass ...
- Facebook sorgt dafür, dass ...
- Die Demokratie sorgt dafür, dass ...
- Dieses Buch sorgt dafür, dass ...

# Der weltbeste Kreativort aller Zeiten

Gibt es ihn, den perfekten Ort fürs kreative Denken? Den Ort, an dem die Ideen fließen wie Milch und Honig im Schlaraffenland? Den Ort, an dem wir zu Genies werden? Sie finden in diesem Buch viele Hinweise darauf, welche Orte und Umgebungen einen positiven Einfluss auf Ihre Kreativität haben. Natürlich liegt das Gedankenspiel nahe, alle diese Einflüsse miteinander zu kombinieren, um den einen perfekten Ort zu schaffen. Hier ist er:

Der weltbeste Kreativort ist eine Dusche. Diese Dusche steht frei in einer Kathedrale mit enormer Raumhöhe. Das Licht ist warm und gedämpft. Es schimmert in einem sanften Orange, denn draußen geht gerade die Sonne unter. In Ihren Ohren klingt das Plätschern des herrlich lauwarmen Duschwassers. Im Hintergrund hören Sie in einer Lautstärke von 70 Dezibel Geräusche wie in einem Wiener Caféhaus. Um Sie herum befindet sich ein hübsches Chaos unterschiedlichster Inspirationen, von Bildern über Zufallsworte bis hin zu abstrakten Objekten und anregenden Gesprächspartnern. Während Sie sich also in dieser Kathedrale, die an einem abgelegenen Ort in Brandenburg steht, nach einer Radtour unter der Dusche auf einen Kaffee freuen, passiert es ganz unvermittelt. Zwei Gedanken, die mit Ihrem Problem zu tun haben, über das Sie gestern vorm Schlafengehen noch intensiv nachgedacht haben, finden zueinander und befruchten sich zu einer neuen Idee.

Ich würde Ihnen gern die genaue Adresse dieses Ortes nennen. Aber zurzeit suche ich noch nach Kooperationspartnern, um einen solchen Ort Wirklichkeit werden zu lassen. Wenn es so weit ist, lade ich Sie ein!

 **Finden Sie durch genaues Beobachten heraus, an welchen Orten und in welchen Situationen Sie besonders kreativ sind. Begeben Sie sich dann möglichst häufig in diese Umgebungen.**

# Der Schmetterlinge-im-Bauch-Auslöser

Wir sind zwar keine Pawlow'schen Hunde. Aber bestimmt haben Sie schon folgende Erfahrung gemacht: Wenn Sie ein bestimmtes Lied hören oder ein bestimmtes Parfüm riechen, dann erfolgt eine bestimmte emotionale Reaktion – und Sie werden in eine bestimmte Stimmung zurückversetzt. Sie können sich plötzlich erinnern, wie es war, auf Malta zu sitzen, zu lachen und die Sonne zu genießen. Oder Sie spüren das Kribbeln im Bauch, das Sie beim ersten Date hatten.

In einer Partnerschaft können Sie emotionale Erinnerungen nutzen, um eine gemeinsame kleine Insel zu schaffen, die sonst niemand betreten kann. Wählen Sie ein Lied, eine Aussicht, ein bestimmtes Essen oder einen bestimmten Duft gezielt aus – und versuchen Sie, sich gemeinsam ganz bewusst darauf zu konditionieren. Hören, sehen, schmecken, riechen Sie den ausgewählten Auslöser jedes Mal, wenn es Ihnen zusammen so richtig gut geht. Der Auslöser wird gute Dienste leisten und Sie in eine positive Stimmung versetzen, auch wenn es Ihnen gerade nicht so gut geht. Sie haben immer einen Auslöser parat, der die Schmetterlinge im Bauch wieder flattern lässt.

### Schmetterlinge im Bauch abrufen

- Benutzen Sie auch im Winter die Sonnencreme, mit der Sie sich im Sommer gegenseitig eingecremt haben.
- Schauen Sie sich bewusst ein gemeinsames Lieblingsfoto an, wenn die Stimmung gerade nicht so toll ist.
- Suchen Sie sich ein gemeinsames Maskottchen, das viele Ihrer schönen, gemeinsamen Momente miterlebt – und zu deren Symbol wird.

# Die Schweizer-Messer-Methode

Gut möglich, dass jemand ein einzelnes Gericht ganz vorzüglich kochen kann. Aber ist er deshalb ein guter Koch? Viele Menschen kennen eine einzelne gute Methode, Ideen zu finden. Aber sind sie deshalb gute Kreative? Einen kreativen Profi zeichnet aus, dass er über unterschiedlichste Werkzeuge verfügt. Ein kreativer Profi ist so eine Art mentales Schweizer Messer: Er beherrscht unterschiedliche Arbeitsmethoden, Inspirationsquellen und Denktechniken. Und er weiß, bei welcher Herausforderung welches Tool am wirksamsten ist. Falls ein kreativer Profi zugleich Führungskraft ist, zum Beispiel als Creative Director in einer Agentur, dann weiß er auch, wer im Team mit welcher Methode am besten umgehen kann. Wie beim Schweizer Messer kommen Sie mit fünf bis sieben verschiedenen Tools schon sehr weit. Kreuzen Sie also in diesem Buch einfach Ihre Lieblingsseiten an – und schon haben Sie Ihr Toolset zusammen.

CREATIVE WORKING TOOLS

# Verblüffende Qualitäts-Zeitreisen

Die Zeit hat ein paar erstaunliche Phänomene für uns parat. Auch wenn wir in gewissen Situationen Probleme kaum ertragen, aus der Haut fahren und viel zu emotional reagieren – einige Zeit später können wir wesentlich besser damit umgehen und darüber lachen. In solchen Stresssituationen wäre eine Zeitreise in die Zukunft ausgesprochen hilfreich. Umgekehrt erleben wir manchmal die schönsten Situationen und sind uns ganz sicher, dass wir sie nie wieder vergessen werden. Dennoch verblassen Eindrücke, gehen Details verloren, und es bleibt nur ein Grundgerüst der Erinnerungen. Zu solchen schönen Situationen würde man gern zurückkreisen.

Auch wenn wir nicht real in der Zeit reisen können: In unserer Fantasie oder auf spielerische Art und Weise können Sie gemeinsam mit Ihrem Partner Qualitäts-Zeitreisen unternehmen. Schreiben Sie Ihr aktuelles Streitthema und Ihre jeweiligen Argumente auf, verschließen Sie alles in einem Briefumschlag, und wählen Sie ein Datum in der Zukunft aus. Wenn dieser Tag gekommen ist, machen Sie es sich gemeinsam gemütlich und schauen sich die Inhalte gelassen an. Sie werden sich über so manches Argument amüsieren – und bei der nächsten Auseinandersetzung von vornherein entspannter sein.

Bei schönen Erlebnissen unternehmen Sie die Zeitreise sofort. Stellen Sie sich vor, Sie sitzen exakt ein Jahr später zusammen und erinnern sich an diesen Tag: Was würden Sie unbedingt im Gedächtnis behalten wollen? Das sensationelle Dessert? Die Aussicht vom Strandkorb auf den Sonnenuntergang? Das kleine Mädchen mit den Blumen? Das absurde Gespräch am Nebentisch, das Sie belauscht haben? Überlegen Sie auch, was jeweils Ihr Partner als besonders erinnerungswürdig ansieht. Kleine Notizen im Kalender helfen zusätzlich, diesen Tag ein Jahr später ganz frisch zu erinnern.

 **Reisen Sie in der Zeit: Gemeinsame Erinnerungen und gemeinsame Visionen stärken Ihre Beziehung!**

# Die Sei-Kind-Strategie

Na, meine kleine Leserin. Na, mein kleiner Leser. Du bist aber süß. Ganz toll, dass du so schön in meinem Buch liest. Wie bitte? Langweilig? Du willst lieber nach draußen? Toben und spielen? Na, dann hätte ich mir die ganze Arbeit ja sparen können. Okay. Aber mach dich nicht dreckig. Sei um fünf Uhr wieder hier. Schau nach rechts und links, wenn du über die Straße gehst. Und stecke dir den Zettel mit den anderen 95 Regeln ein, die du befolgen sollst. Bitte? Jetzt streckst du mir die Zunge raus? Hör mal gut zu: Wenn du selber groß bist, dann wirst du verstehen, dass man sich an Regeln halten muss!

Liebe Leserin, lieber Leser, als Erwachsene glauben wir zu wissen, was richtig und was falsch ist, was erlaubt und was verboten ist. Wir sind vollgestopft mit Wissen, Annahmen und Vorurteilen. Wir sind bestens trainiert in Effizienz und Selbstoptimierung. Und dann kommen diese kleinen Hosenkacker, bringen unseren Rhythmus und unsere Gewohnheiten durcheinander – und machen alles ganz anders. Genau dafür sollten wir ihnen sehr dankbar sein, den kleinen Genies.

Genies? Wie ist das hier gemeint? Ein Genie zu sein, das bedeutet, mit Absicht wieder Kind zu sein, die Kindheit wieder herzustellen. Zumindest im Denken und Entdecken, im Spielen und Experimentieren. Ein Kind denkt unschuldig und frei. Ein Kind weiß noch nicht, was geht und was nicht geht, und hält deshalb auch das Unmögliche für möglich. Darum mein Tipp: Wenn Sie das nächste Mal ein Problem lösen oder eine Idee finden müssen, dann fragen Sie sich: „Was hätte ich getan, als ich fünf Jahre alt war?"

**Erwachsen werden, aber Kind bleiben:**

- Hüpfen und krabbeln Sie durch den Hausflur.
- Räumen Sie alles aus der untersten Schublade auf den Boden.
- Singen Sie laut im Fahrstuhl, mit dem Rücken zur Tür.
- Zeigen Sie auf sich selbst im Spiegel und rufen Sie: „Da!"
- Seien Sie laut, albern, unberechenbar, liebenswert.
- Vergessen Sie kurz alles, was Sie gelernt haben.

# Der Querdenker-Entschuldigungsreflex

„War nur so eine Idee!" Mit diesem Satz entschuldigen wir uns dafür, dass wir eine Idee geäußert haben. Ist das nicht absurd: Wir bereichern ein Gespräch mit einer Idee, und wenn die nicht gut ankommt, wenn wir skeptische Blicke ernten, wenn der Vorgesetzte den Kopf schüttelt, dann rudern wir ganz schnell zurück. Dann tun wir so, als wäre uns gerade ein Missgeschick passiert, und sagen schnell: „War nur so eine Idee!" In diesem Satz schwingt mit: „Das habe ich natürlich nicht ernst gemeint. Ich weiß selbst, dass mein Gedanke Unsinn ist. Vergesst es einfach. Entschuldigung!"

Der Grund für diesen Entschuldigungsreflex ist mangelndes kreatives Selbstvertrauen auf der einen Seite und mangelnde kreative Kultur auf der anderen Seite. Ich erlebe diese Situation in Meetings und Workshops immer wieder: Sobald ein vorgesetzter Betonkopf mit am Tisch sitzt, friert die Kommunikation förmlich ein. Keiner traut sich, einen neuen Gedanken auszusprechen. Alle denken auf Linie, keiner denkt quer. Und schon nach kurzer Zeit setzt die totale Ideenstarre ein. Hier ist Ihr kreatives Selbstvertrauen gefragt. Tom und David Kelley, Gründer der US-amerikanischen Ideenschmiede IDEO, beschreiben in ihrem Buch „Creative Confidence", wie Sie dieses Selbstvertrauen systematisch entwickeln und nutzen können.

Wenn Sie in einer Gruppe oder im Team eine Idee haben, dann mutig raus damit! Halten Sie es aus, wenn nicht sofort Jubel ausbricht. Und sagen Sie nie: „War nur so eine Idee!" Sagen Sie lieber: „Das ist meine Idee. Und was fällt euch dazu ein?"

# Die Babynamen-Listen-List

Wissen Sie, wann Menschen besonders kreativ sind? Wenn sie einen Namen für ihr Kind suchen! Kioma, Chelsey, Jimi Blue, Pumuckl, alles erlaubt. Eltern auf Namenssuche lassen sich in drei Gruppen einteilen: die Neologisten, die Perlentaucher und die Fashion Victims. Die Neologisten sind wenig beliebt bei Standesämtern, aber sehr stolz auf ihre Wortneuschöpfungen – wie zum Beispiel Renesmee. Die Perlensucher finden seltene Exemplare wie Alva oder Karimi. Und die Fashion Victims fügen sich dem modischen Diktat der Spielplatzmehrheit und entscheiden sich für Anna, Emily, Lea, Ben, Jonas & Co.

Die Namensfindung läuft dabei immer recht ähnlich ab. Werdende Eltern machen sich Listen. Lange Listen. Da stehen zunächst 30 Namen drauf, irgendwann nur noch drei oder vier, und schließlich fällt die finale Entscheidung. Solche Ideenlisten sind hilfreich, und zwar nicht nur bei der Namenssuche für den Nachwuchs. Egal welche Art von Idee Sie suchen, machen Sie sich Listen. Lange Listen. Bleiben Sie nicht beim „Darüber-Reden", greifen Sie nach Zettel und Stift, und notieren Sie Ihre Einfälle.

Es klingt banal, aber mal ehrlich: Wie häufig gehen Ideen und Gedanken verloren, weil sie nicht dokumentiert wurden? Wie häufig sitzt man am Ende da und fragt sich: „Wie war das noch?" Eine Ideenliste ist deshalb ein ganz einfaches und sehr wirksames Tool im kreativen Prozess. Die Liste bleibt auf dem Wohnzimmertisch oder auf dem Konferenztisch liegen. Sie kann jederzeit ergänzt und erneut diskutiert werden. Und wenn das Baby am Ende einen Namen bekommen hat, dann ist diese Liste zugleich eine lebendige Erinnerung an den kreativen Prozess. Nicht selten finden sich solche Listen oder Ideenskizzen später elegant eingerahmt an einem Ehrenplatz wieder. Nobelpreisträger Linus Pauling bringt den Nutzen einer Ideenliste auf den Punkt, wenn er sagt: „Der beste Weg, eine gute Idee zu finden, ist es, viele Ideen zu finden."

**Einfach nützlich: die Ideenliste**

- Legen Sie bei jeder Ideensuche eine Ideenliste an.
- Dokumentieren Sie jede Idee und sei sie noch so abwegig.
- Lassen Sie die Liste offen liegen für alle Beteiligten.
- Treffen Sie keine Entscheidung, bevor die Liste richtig lang ist.
- Bewahren Sie die Liste auf als Dokumentation und zur Erinnerung.

# Die Kleine-Schritte-Strategie gegen Gewohnheiten

Ich gestehe: Häufiger, als mir lieb ist, bin ich ein Gewohnheitstier. Ich greife beim Weinhändler immer zur bekannten Sorte, packe meine Tasche in der Umkleide immer in denselben Schrank, rühre immer erst die Salatsoße an, bevor ich die Möhren schäle. Und so weiter, und so fort. Falls es Ihnen auch so geht, dann versuchen Sie nicht, Ihr Leben auf einen Schlag zu ändern. Beginnen Sie stattdessen damit, im Alltag ein paar kleine Gewohnheiten zu durchbrechen: Nehmen Sie die Zahnbürste in die andere Hand, tauschen Sie beim Frühstück die Plätze, fahren Sie einen anderen Weg zur Arbeit, und loben Sie zur Abwechslung Ihren Chef.

Wenn Sie so trainieren, die kleinen Gewohnheiten zu durchbrechen, dann fällt es Ihnen auch leichter, die großen und wesentlichen Dinge in Ihrem Leben zu verändern. Mit jedem kleinen „Musterbruch", den Sie wagen und der zu einer Veränderung führt, machen Sie die Erfahrung der eigenen Wirksamkeit. Diese Erfahrung gibt Ihnen die Motivation und die Zuversicht, auch die großen Themen in Ihrem Leben anzupacken und neu auszurichten.

 **Veränderung lässt sich trainieren. Machen Sie jeden Tag drei Kleinigkeiten ein bisschen anders als gewohnt.**

# Das Erleuchtung-durch-Beleuchtung-Prinzip

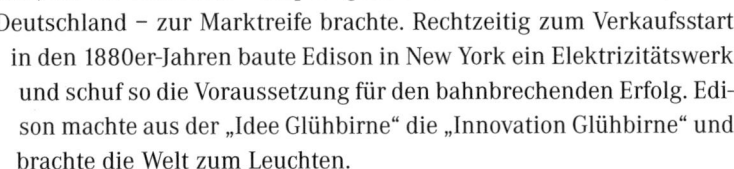

Obwohl die Glühbirne seit 2012 offiziell zum Altglas gehört, ist sie immer noch ein Symbol für Ideen und Kreativität. Das verdanken wir Thomas Alva Edison, der die Glühbirne – ursprünglich erfunden von Heinrich Göbel in Deutschland – zur Marktreife brachte. Rechtzeitig zum Verkaufsstart in den 1880er-Jahren baute Edison in New York ein Elektrizitätswerk und schuf so die Voraussetzung für den bahnbrechenden Erfolg. Edison machte aus der „Idee Glühbirne" die „Innovation Glühbirne" und brachte die Welt zum Leuchten.

Inzwischen bringen Leuchten – sehr spezielle Leuchten – das Gehirn auf neue Ideen. Studien belegen, dass bestimmte Lichtstärken und Farbtöne die Kreativität anregen. Wenn Sie das Gefühl haben, im Büro nicht so richtig kreativ zu sein, liegt es vielleicht an der vorgeschriebenen Lichtstärke von mindestens 750 Lux. Das ist zwar gut für die Augen, aber zu hell fürs Hirn – zumindest, wenn Sie die Gedanken auf Reisen schicken und im kreativen Alpha-Modus ticken wollen. Man könnte auch sagen: Es dämmert uns, wenn es dämmert. Wir fühlen uns freier von Beschränkungen und Kontrolle. Den Effekt erleben Sie sogar schon, wenn Sie eine Sonnenbrille aufsetzen.

Auch die Farbe des Lichts spielt eine wesentliche Rolle. Ein warmes Orange wirkt am förderlichsten für kreative Prozesse. Blau hingegen fördert die Konzentration. Hilfreich sind Beleuchtungssysteme, die sich situativ anpassen. Für Schulen hat ein großer Hersteller bereits ein System namens „SchoolVision" entwickelt. Hier können die Lehrer zwischen vier Einstellungen wählen: Energie, Ruhe, Standard und Konzentration.

Im Sinne der Erleuchtung: Für konvergentes und lösungsorientiertes Denken schalten Sie helles Licht ein – im besten Fall mit einem Blauton. Für divergentes und assoziatives Denken sorgen Sie für gedimmtes oder indirektes Licht – im besten Fall in einem warmen Orange. Wenn Ihnen die besten Ideen beim Schlafen kommen, machen Sie das Licht einfach ganz aus.

**Schon Edison wusste, dass nicht zählt, wo eine Idee herkommt, sondern wo man sie hin entwickelt.**

# Gute Gewohnheiten, schlechte Gewohnheiten

Auf dieser Seite möchte ich Sie ermutigen, Ihren Gewohnheiten treu zu bleiben. Ja, Sie haben richtig gelesen: Bleiben Sie Ihren Gewohnheiten treu, statt schon wieder alles neu und anders zu machen. Warum rate ich Ihnen das? Gewohnheiten sind gut, sie sind Teil unserer Identität, und sie sorgen für Stabilität in unserem Leben. Also bleiben Sie Ihren Gewohnheiten treu. Eine wichtige Einschränkung allerdings muss ich machen:

Es muss sich um die richtigen Gewohnheiten handeln! Sie sollten Ihren aktuellen Lebenszielen und Bedürfnissen entsprechen. Es müssen gute, zukunftsorientierte Gewohnheiten sein. Schauen Sie genau hin, und versuchen Sie gute Gewohnheiten von schlechten zu unterscheiden. Schlechte Gewohnheiten schaden Ihnen. Sie stammen aus der Vergangenheit, führen nicht zum Ziel, kosten einfach nur Zeit und lenken Sie ab.

Kreative Gewohnheitstiere nehmen regelmäßig ein Update ihrer Gewohnheiten vor. Sie tauschen schlechte Gewohnheiten gegen gute aus. Dabei geht es nicht darum, auf Teufel komm raus alles zu verändern. Es geht darum, sich seine eigenen Ziele bewusst zu machen – und seine Denk- und Verhaltensweisen darauf auszurichten. Wer das tut, darf ganz entspannt ein Gewohnheitstier bleiben.

 **Gewohnheiten sind wie Software. Es kommt darauf an, regelmäßig Updates durchzuführen.**

# Die SOS-Regel für Ideenretter

Die SOS-Regel für Ideenretter lautet: „Sei ordentlich sorgsam!" Der Hintergrund für diese Regel: Viele Ideen sterben einen tragischen Tod. Sie werden zwar erdacht, aber dann nicht ordentlich festgehalten. Das passiert im Alltag andauernd: Sie wachen morgens auf und wissen genau, dass Sie im Traum eine Idee hatten – Sie wissen aber nicht mehr, welche. Dann fahren Sie ins Büro, haben unterwegs die nächste Idee, aber sobald Sie aus dem Auto steigen, ist die Idee vergessen. Beim Lesen, beim Einkaufen, beim Zähneputzen, beim Arbeiten und beim Klönen: In allen Situationen des Alltags können unvermittelt Ideen aufblitzen, die uns nur allzu leicht wieder entgleiten.

Deshalb ist eines ganz wichtig. Sobald Sie eine Idee im Kopf haben, sofort raus damit! Aufschreiben, aufmalen, diktieren – unbedingt irgendwie festhalten. Legen Sie sich ein Ideenbuch ans Bett und ins Handschuhfach, kritzeln Sie den Gedanken auf einen Bierdeckel, rufen Sie jemanden an. Die Idee muss raus aus dem Kopf und rein in die Welt. Bitte versprechen Sie mir: Wenn Sie das nächste Mal eine Idee haben und denken: „Die müsste ich mir jetzt eigentlich notieren!", dann tun Sie das bitte auch!

„Ich verspreche, dass ich ab sofort jede Idee retten werde, indem ich Sie schnell notiere."

_____

Datum

_____

Unterschrift

# Die Haha-Aha-Korrelation

„Haha" und „Aha" liegen dicht beieinander. In beiden Fällen kommt es zu einer plötzlichen Erkenntnis, zu einem Perspektivwechsel, zu einer vorher nicht absehbaren Umdeutung.

Nehmen Sie als Beispiel die folgende Sherlock-Holmes-Geschichte: Holmes und Watson gehen zelten. Nach guten Gesprächen und gutem Wein schlafen die beiden ein. Mitten in der Nacht wachen sie auf, und Watson sagt zu Holmes: „Schau mal, das Sternenbild da oben, ist das nicht faszinierend? Was hat das zu bedeuten?" Holmes antwortet:  „Das hat zu bedeuten: Unser Zelt ist weg." Haha! Die Pointe beruht darauf, dass wir dieselbe Situation blitzartig aus einer anderen Perspektive wahrnehmen. Für den Bruchteil einer Sekunde macht diese neue Perspektive für uns noch keinen Sinn – und es entsteht eine kognitive Dissonanz. Der lustvolle Moment des Begreifens und Verstehens entlädt sich dann in einem Lachen. Natürlich nur, wenn der Witz gut ist. Wie finden Sie diesen hier: Ein Paar ist seit 15 Jahren verlobt, als sie eines Tages zu ihm sagt: „Schatz, sollten wir nicht endlich heiraten?" Und er antwortet: „Du hast recht. Aber wer nimmt uns denn jetzt noch?"

Wenn uns eine Idee in den Sinn kommt, wenn wir einen Aha-Moment erleben, dann ist das fast so, als würden wir uns selbst einen Witz erzählen. Zwei verschiedene Denkmuster oder Perspektiven finden überraschend zueinander. Menschen, die eine Idee haben, lachen deshalb manchmal völlig unvermittelt drauflos. Wenn Sie das miterleben, fragen Sie nach, was der Anlass des Lachens war! Auch in guten Brainstormings oder Kreativworkshops wird viel gelacht. Je gelöster die Atmosphäre und je besser die Laune ist, umso mehr Ideen kommen auf den Tisch. Jeder Moderator oder Trainer weiß: Die Gruppe, die hörbar am meisten Spaß hat, bringt das beste Ergebnis mit.

 **Eine gute Idee ist wie ein Witz: überraschend.**
**Es kommen zwei Dinge oder Sichtweisen zusammen,**
**zwischen denen in unserem Denken bislang kein**
**Zusammenhang bestand.**

# Der Kaffeehaus-Effekt

Sind Geräusche immer schlecht und störend? Das war die zentrale Frage einer Studie über den Einfluss von Geräuschen auf unsere Kreativität im Jahr 2012. Das Ergebnis: Nein, Geräusche können uns auch kreativer machen! Auf der Liste der „kreativ machenden Geräusche" steht die Klangatmosphäre eines Kaffeehauses ganz oben. Angenehme Stimmen, ein wenig Löffelklimpern, das Rascheln von Zeitungen, ein paar Takte Musik im Hintergrund: Dieser Geräuschemix, eingestellt auf 70 Dezibel, entspannt uns. Und Entspannung ist eine der Grundvoraussetzungen für schöpferisches Denken.

Die Studie wurde so populär, dass inzwischen ein eigener Kult um die Kaffeehausgeräusche entstanden ist: Coffitivity. Unter diesem Label finden Sie im Internet Audiofiles in großer Auswahl – von der Lunchtime Lounge bis zum Brasil Bistro. Und während ich diese Zeilen schreibe, läuft bei mir im Hintergrund der Morning Murmur, ein Kaffeehaus-Sound für den gelungenen Start in den Tag.

Das Kaffeehaus symbolisiert zudem einen Ort, an dem inspirierende Gespräche in kleiner Runde gelingen. Hier treffen sich seit Jahrhunderten Menschen zum Austausch von Ideen und Erfahrungen. Kein Wunder also, dass zwei US-amerikanische Unternehmensberater 1995 eine kreative Workshopmethode namens „World Café" erfanden. Wie im Kaffeehaus kommen Menschen in kleinen Gruppen zusammen, diskutieren und brainstormen, notieren die Ergebnisse auf Papiertischdecken, wechseln die Tische und durchleuchten ein Thema auf diese Weise intensiv von allen Seiten.

Ob jedoch das Trinken von Kaffee die Kreativität fördert, ist eher umstritten. Kaffee wirkt belebend. Dadurch werden jedoch die Beta-Gehirnwellen angeregt, nicht die Alpha-Wellen, die unsere Gedanken so entspannt wandern lassen. Am besten also im Kaffeehaus ein Glas Rotwein bestellen. Wenn die gute Idee gefunden ist und Sie mit der Umsetzung starten, dann allerdings ist ein starker Kaffee genau das Richtige!

**Sorgen Sie für eine entspannende Geräuschkulisse, das hilft beim Ideenfinden mehr als totale Ruhe.**

# Die schönste Gewohnheits-Opfer-Story

Über 80 Prozent aller Dinge, die wir tun oder denken, tun oder denken wir aus Gewohnheit. Viele dieser Gewohnheiten sind praktisch und machen uns das Leben leichter. Aber manchmal werden wir auch Opfer unserer Gewohnheiten. Und wie Sie vermutlich aus eigener Erfahrung wissen, kann das zu ausgesprochen komischen Situationen führen:

Ich wohne in einer Dachgeschosswohnung. Wenn ich mit dem Lift nach oben fahre, ziehe ich mir bereits dort die Schuhe aus. Das ist praktisch und spart Zeit. Deshalb habe ich mir das Ausziehen der Schuhe im Lift zur festen Gewohnheit gemacht. Neulich war ich im KaDeWe, im Kaufhaus des Westens. Auch dort gibt es den einen oder anderen Lift. Jedenfalls stand ich plötzlich mit meinen Schuhen in der Hand in der Bettenabteilung – als Opfer meiner Gewohnheiten.

Was kann man daraus lernen? Gewohnheiten sind gut, Hirn einschalten ist besser – vor allem, wenn Sie in ungewohnter Umgebung unterwegs sind. Übrigens: Falls Sie selbst einmal eine besonders lustige Geschichte erlebt haben, bei der Sie Opfer Ihrer Gewohnheiten geworden sind, dann schreiben Sie mir doch bitte. Ich sammele diese Geschichten – aus Gewohnheit.

**Vorsicht: Gewohnheiten sind uns lieb. Und das kann zu einer bösen Falle werden!**

# Die große Angst vorm weißen Blatt

*Keine Angst, ich tue nichts!*

# Der Blinde-Lieblingsrestaurant-Fleck

Angela Merkel hat es. Matthias Schweighöfer hat es. Und Sie haben es vermutlich auch: ein Lieblingsrestaurant. Dort schätzen Sie die Atmosphäre und die Freundlichkeit der Kellner. Sie können die Speisekarte rauf und runter beten. Sie wissen, hinter welchem Vorhang die Garderobenhaken zu finden sind und welche Treppe zur Toilette führt. Kurzum: Sie treten ein und alles ist vertraut. In Wirklichkeit aber sind „Lieblingsrestaurants" häufig nichts anderes als „Gewohnheitsrestaurants". Man war ein paarmal da, das Essen war lecker, man kennt den Weg – wozu also etwas Neues ausprobieren?

Was halten Sie davon, die nächsten Abende, die Sie fürs Essengehen reserviert haben, auf Entdeckungsreise zu gehen? Fragen Sie Freunde nach deren Geheimtipps. Suchen Sie bei Google nach den Top Ten Ihrer Stadt. Kehren Sie einfach dort ein, wo Ihnen Fassade, Eingang oder das Werbeschild gefallen. Restaurants wachsen wie Pilze aus dem Humus: Sterneköche entdecken die Leichtigkeit des Kantinenessens und beweisen für kleines Geld ihre edle Kunst. Vegetarische, vegane oder fleischige Speisen aller Inseln und Kontinente werden angeboten. Es gibt Hunderte Chancen auf eine Neuentdeckung für die schönste Nebensache der Welt: das Essen.

Blättern Sie durch eine Speisekarte, die Sie zum ersten Mal sehen, schmecken Sie unbekannte Gerichte, deren Gewürze Sie verzaubern. Wie schön ist die Vorstellung, einen Abend in ungewohnter Stimmung zu genießen. Und wer weiß: Vielleicht entdecken Sie eine neue Lieblingsspeise in einem der nächsten Lieblingsrestaurants. Das alles werden Sie nur herausfinden, wenn Sie bereit sind, Neues auszuprobieren.

Bitte überprüfen: Lieblingsrestaurants, Lieblingshosen, Lieblingsschauspieler, Lieblingsorte, Lieblingslieder und sonstige Lieblinge. Handelt es sich am Ende nur um Gewohnheiten?

# Kreativ im richtigen Tagesrhythmus

Wenn Sie ein paar Seiten in diesem Buch studiert haben, dann werden Sie feststellen, dass sich die Tipps zum Kreativsein manchmal scheinbar widersprechen: Man soll sich Ruhe suchen, aber auch mit Leuten quatschen. Man hat Ideen unter der Dusche, findet sie aber auch im Internet. Man soll in andere Rollen schlüpfen, aber unbedingt bei sich selbst bleiben. Diese scheinbaren Widersprüche haben damit zu tun, dass der kreative Prozess unterschiedlichste Phasen hat. In diesen unterschiedlichen Phasen wiederum können, je nach Persönlichkeit, unterschiedlichste Methoden zum Einsatz kommen. Zudem hat jeder von uns einen individuellen Tagesrhythmus. Es gilt also herauszufinden, wann, wo, wie und mit wem Sie in Ihrem Alltag das kreative Denken und Handeln am besten umsetzen können.

Ein Beispiel: In seinem Buch „Der perfekte Tag" beschreibt mein Freund und Kollege Slatco Sterzenbach – er ist 17facher Ironman, Coach und Mentaltrainer – den kreativen Moment des Sinnierens. Ein Foto zeigt eine junge Frau, die das Sinnieren offensichtlich gerade praktiziert: Sie sitzt im Bus auf dem Weg zur Arbeit, schaut entspannt aus dem Fenster und lässt den Gedanken freien Lauf. Sie hat die 30-minütige Fahrt zur Arbeit ganz bewusst gewählt, um der Inkubationsphase des kreativen Prozesses Raum zu verschaffen. Vielleicht hat sie den Rest des Tages in ihrem Job als Erzieherin keine ruhige Minute mehr. Bei ihrer besten Freundin könnte es genau andersherum sein. Weil die handwerkliche Arbeit in einer Tischlerei ihr viel Gelegenheit zum Sinnieren bietet, nutzt sie den Weg zur Arbeit ganz bewusst für lebendige Kommunikation in ihrer Fahrgemeinschaft.

Gehen Sie ganz bewusst durch die regelmäßigen Momente Ihres Alltags. Nutzen Sie diese Momente, um kreative Gewohnheiten einzuführen: Wann können Sie regelmäßig ein 3-Minuten-Telefonat für einen schnellen Ideenaustausch führen? Wann können Sie regelmäßig ungestört sinnieren und die Gedanken auf Wanderschaft schicken? Wann können Sie regelmäßig konzentriert Informationen zu Ihrem kreativen Thema aufsaugen? Finden Sie Ihren kreativen Tagesrhythmus!

# Der halbe Tipp

Dies hier ist der einhundertsiebenundfünfzigkommafünfte Ideenbeschleuniger. Wie versprochen! 157 Tipps, Erfahrungen und Anregungen sind dieser Seite vorausgegangen. Aber erst bei 157,5 machen wir den Sack zu. Warum diese schräge Zahl?

Ganz einfach: 157,5 macht ein bisschen neugieriger als zum Beispiel 150. Sie haben sich bei der Unterzeile des Buchtitels wahrscheinlich gleich gefragt: „Was bitte ist ein halber Tipp?" Der halbe Tipp lautet, häufiger mal mit unrunden Zahlen zu arbeiten. Setzen Sie ein Meeting um 14.43 Uhr auf die Agenda. Feiern Sie Ihren 38,63sten Geburtstag. Und versuchen Sie mal, 243,20 Euro am Geldautomaten abzuheben. Das alles wird Ihnen viel Spaß machen.

Mir hat es riesigen Spaß gemacht, alle 157,5 Ideenbeschleuniger zu Papier zu bringen. Wenn diese Ideenbeschleuniger jetzt noch schnell die Reise in Ihren Alltag antreten, verehrte Leserinnen und Leser, dann hätte ich mein Ziel erreicht.

# Danksagung

Das erste Dankeschön, liebe Leserinnen und Leser, geht an Sie. Als Autor wäre ich ganz schön aufgeschmissen, wenn ich ohne Sie auskommen müsste. Außerdem bewundere ich Ihren Mut, ein Buch in die Hand zu nehmen, für das man sich den Titel selbst ausdenken soll. Ich hoffe natürlich, dass ich Sie mit dieser kleinen Finte neugierig machen konnte. Wenn Sie nur eine Handvoll meiner Tipps in Ihrem Alltag umsetzen können, dann hat es sich gelohnt. Ich wünsche Ihnen auch weiterhin viel Spaß beim Blättern und sage nochmals: Dankeschön!

Auch ohne Agentin und ohne Verlag hätte ich als Autor echt schlechte Karten. Danke an Bettina Querfurth, meine Literaturagentin. Danke an Ute Flockenhaus von GABAL. Die Zusammenarbeit war wunderbar unkompliziert und hat irre viel Spaß gemacht. In diesem Sinne gilt das Dankeschön auch für die jeweiligen Teams!

Es gäbe nichts zu sehen in diesem Buch, hätten nicht Dutzende Illustratoren ihre Arbeit beigesteuert. Ich danke auch den Heerscharen der Ghostwriter, deren Namen ich hier nicht nennen kann. Sonst wären es ja keine! Unter uns – das war ein kleiner Scherz, garantiert von mir selbst geschrieben. Ein besonderes und namentliches Dankeschön geht an Ben Carpenter, der mich im Sommer des Schreibens unermüdlich mit Recherchen befeuert und motiviert hat.

Das Buch wäre ziemlich dünn, vor allem inhaltlich, hätte ich in meinem Beruf nicht so viele inspirierende und einfallsreiche Menschen um mich. Viele von ihnen darf ich zugleich meine Freunde nennen. Zum Beispiel die Keynoter: Cristián Gálvez, Markus Hofmann, René Borbonus und Slatco Sterzenbach. Aber auch auf der Seite meiner Kunden und Auftraggeber sind unglaublich einfallsreiche Leute unterwegs. Auf die Idee zu kommen, mich als Redner oder Moderator auf eine Veranstaltung einzuladen: einfach brillant! An dieser Stelle grüße ich auch alle Teilnehmer und Zuschauer, denen ich in den letzten Jahren live begegnen durfte – und die nun dieses Buch in Händen halten.

Niemals existieren würde dieses Buch ohne mein eigenes Team von der Think-Theatre GmbH, allen voran Tina George, und ohne die nimmermüden Speaker-Agenturen, mit denen wir eng zusammenarbeiten. Auch unser Netzwerk kreativer Dienstleister ist der Hammer: Vielen Dank an Sandra

Herz, René Fehrmann, Daniel Ojala, Tim Hanschmidt, Greta Andreas, Sebastian Dörnemann und Dr. Michael Gestmann. Der Platz reicht nicht, um alle zu nennen – aber um allen zu danken! Besonders inspiriert hat mich auch die Zusammenarbeit mit den Teams der AXICA in Berlin und der Initiative „Deutschland – Land der Ideen".

Und jetzt kommen wir zum Allerwichtigsten. Denn ohne meine Familie wäre alles nichts. Unserer kleinen Tochter Ylvie habe ich dieses Buch gewidmet. Immer wenn ich sie beobachte, wenn ich sehe, wie sie die Welt entdeckt, spielt, wahrnimmt, sich austobt, dann erscheinen mir die kreativen Methoden der Erwachsenen wie verzweifelte Versuche, ein bisschen von dieser Kreativität unserer Kindheit zurückzugewinnen. Kleine Ylvie, danke für die vielen Überraschungen und das große Glück, das Du in unser Leben bringst. Und danke Tina, dass Du immer an meiner Seite und die beste Mama der Welt bist für unsere kleine Ylvie – ich liebe euch beide sehr. Das familiäre Dankeschön gilt aber auch allen anderen Familienmitgliedern und engen Freunden. Ihr seid echt viele. Danke für eure Unterstützung in jeder Lebenslage.

Ganz sicher gäbe es dieses Buch nicht, wenn ich nicht so eine lustige, offene, warmherzige und begeisterungsfähige Mama gehabt hätte, die mich in jeder Sekunde meiner Kindheit ermutigt hat, meine Ideen zu verfolgen und eigene Wege zu gehen. Jede Erinnerung an Dich, liebe Mama, ist mir heute wertvoller als je zuvor.

Und jetzt heißt es: Auf in die Zukunft! Es gibt große Herausforderungen und Chancen, aber auch echt eine Menge Probleme zu lösen. Ich zähle auf Ihre Ideen und Ihre Kreativität, damit die Welt, in der wir leben, von Tag zu Tag ein bisschen lebenswerter wird.


Bernhard Wolff


**Kontakt:**

Think-Theatre GmbH
Bernhard Wolff
Saarstraße 17
12161 Berlin
wolff@think-theatre.de
www.bernhard-wolff.de

# Literatur & Links

Amabile, Teresa M.: Creativity in Context. Boulder: Westview Press, 1996.

Amabile, Teresa M. et al.: Assessing the Work Environment for Creativity. Academy of Management Journal, Vol. 39, Nr. 5, 1996, S. 1154–1184.

Amabile, Teresa/Kramer, Steven: The Progress Principle. Using Small Wins to Ignite Joy, Engagement, and Creativity at Work. Boston: Harvard Business Review Press, 2011.

Arden, Paul: Whatever You Think, Think the Opposite. London: Penguin Books, 2006.

Baer, Markus/Oldham, Greg R.: The curvilinear relation between experienced creative time pressure and creativity: Moderating effects of openness to experience and support for creativity. Journal of Applied Psychology, Vol. 91(4), 2006, S. 963-970.

Barron, Carrie: Creativity, Happiness and Your Own Two Hands. How Meaningful Hand Use Enhances Well-being. 3.05.2012. https://www.psychologytoday.com/blog/the-creativity-cure/201205/creativity-happiness-and-your-own-two-hands (abgerufen am 30.08.2015)

Belsky, Scott: Making Ideas Happen. Overcoming the Obstacles Between Vision & Reality. London: Penguin Books, 2010.

BibisBeautyPalace: Meine Oma erklärt das Internet. https://www.youtube.com/watch?v=d7J0oPxv_pA (abgerufen am 30.08.2015)

Birkenbihl, Vera F.: Das innere Archiv. Offenbach: GABAL, 2005.

Birkenbihl, Vera F.: Stroh im Kopf? Vom Gehirn-Besitzer zum Gehirn-Benutzer. München: mvg Verlag, 2009.

Blake, Stephen/John, Andrew: Aberwitz und Geistesblitz. Das kleine Buch der großen Ideen. München: Deutscher Taschenbuch Verlag, 2003.

Borbonus, René: Respekt! Wie Sie Ansehen bei Freund und Feind gewinnen (2. Auflage). Berlin: Econ, 2011.

Brockhaus: Meilensteine der Menschheit. Hundert Entdeckungen, Erfindungen und Wendepunkte der Geschichte. Leipzig/Mannheim: F.A. Brockhaus, 2003.

Buhr, Andreas: Vertrieb geht heute anders. Wie Sie den Kunden 3.0 begeistern. Offenbach: GABAL, 2011.

Buzan, Tony: Use your Memory. London: BBC Active, 2003.

Buzan, Tony: Change Now! Zukunft gestalten mit Mind Maps. Heidelberg: mvg Verlag, 2006.

Carter, Judy: The Comedy Bible. From Stand-up to Sitcom. The Comedy Writer's Ultimate ´How-to´ Guide. New York: Fireside, 2001.

Corssen, Jens: Der Selbst-Entwickler. Das Corssen-Seminar. Wiesbaden: Marix Verlag, 2004.

Csíkszentmihályi, Mihály: Creativity. Flow and the Psychology of Discovery and Invention. New York: HarperPerennial, 1997.

De Bono, Edward: Serious Creativity. Using the Power of Lateral Thinking to Create New Ideas. Des Moines: McQuaig Group Inc., 1992.

De Bono, Edward: Die Entwicklung neuer Ideen durch die Kraft kreativen Denkens. Stuttgart: Schäffer-Poeschel Verlag, 1996.

De Bono, Edward: New Thinking for the New Millenium. London: Penguin Books, 2000.

Dueck, Gunter: Das Neue und seine Feinde. Wie Ideen verhindert werden und wie sie sich trotzdem durchsetzen. Frankfurt am Main: Campus Verlag, 2013.

Duhigg, Charles: The Power of Habit. Why We Do What We Do in Life and Business. New York: Random House, 2014.

Dyer, Jeff/Gregersen, Hal/Christensen, Clayton M.: The Innovator's DNA. Mastering the Five Skills of Disruptive Innovators. Boston: Harvard Business Review Press, 2011.

Eastaway, Rob: Out of the box. 101 Ideas for Thinking Creatively. London: Duncan Baird Publishers, 2007.

Erharter, Wolfgang A.: Kreativität gibt es nicht. Wie Sie geniale Ideen erarbeiten. München: Redline Verlag, 2012.

Foster, Jack: How to Get Ideas. San Francisco: Berrett-Koehler Publishers, 1996.

Gálvez, Cristián: Du bist, was du zeigst! Erfolg durch Selbstinszenierung. München: Droemer Knaur, 2007.

Gálvez, Cristián: Logbuch für Helden. Wie Männer neue Wege gehen. München: Knaur, 2014.

Gardner, Howard: Creating Minds. An Anatomy of Creativity Seen Through the Lives of Freud, Einstein, Picasso, Stravinsky, Eliot, Graham, and Ghandi. New York: Basic Books, 1993.

Gassmann, Oliver/Granig, Peter: Innovationsmanagement. 12 Erfolgsstrategien für KMU. München: Carl Hanser Verlag, 2013.

Gassmann, Oliver/Sutter, Philipp: Praxiswissen Innovationsmanagement. Von der Idee zum Markterfolg (2. erweiterte und überarbeitete Auflage). München: Carl Hanser Verlag, 2011.

Händeler, Erik: Die Geschichte der Zukunft. Sozialverhalten heute und der Wohlstand von morgen/Kondratieffs Globalsicht (7., vollständig bearbeitete Auflage 2009). Moers: Joh. Brendow & Sohn Verlag, 2003.

Häusel, Hans-Georg: Think Limbic! Die Macht des Unbewussten verstehen und nutzen für Motivation, Marketing, Management. Planegg/München: Rudolf Haufe Verlag, 2005.

Helitzer, Melvin: Comedy Writing Secrets. How to Think Funny, Write Funny, Act Funny and Get Paid For It. Cincinatti: Writer's Digest Books, 1994.

Hill, Napoleon: Think and Grow Rich. New York: Jeremy P. Tarcher/Penguin, 2005.

Hofmann, Markus: Denken Sie neu. Mentales Überlebenstraining in der digitalen Welt. München: Südwest, 2014.

Horx, Matthias: Zukunft wagen. Über den klugen Umgang mit dem Unvorhersehbaren. München: Deutsche Verlags-Anstalt, 2013.

Hurson, Tim: Think better. (your company's future depends on it ... and so does yours). An Innovator's Guide to Productive Thinking. New York: McGraw-Hill, 2008.

Johnson, Steven: Where Good Ideas Come From. The Natural History of Innovation. New York: Penguin Books, 2010.

Johnstone, Keith: Theaterspiele: Spontaneität, Improvisation und Theatersport. Berlin: Alexander Verlag, 2009.

Jonsson, Runer: Wickie und die starken Männer. Hamburg: Verlag Heinrich Ellermann, 2005.

Kahneman, Daniel: Thinking, Fast and Slow. London: Penguin Books, 2011.

Kelley, Tom: The Art of Innovation. New York: Doubleday, 2001.

Kelley, Tom: Das IDEO Innovationsbuch. Wie Unternehmen auf neue Ideen kommen. München: Econ, 2002.

Kelley, Tom: The Ten Faces of Innovation. IDEO's Strategies for Defeating the Devil's Advocate and Driving Creativity Throughout Your Organization. New York: Doubleday, 2005.

Kelley, Tom/Kelley, David: Creative Confidence. Unleashing the Creative Potential Within Us All. London: William Collins, 2013.

Kim, W. Chan/Mauborgne, Renée: Blue Ocean Strategy. How to Create Uncontested Market Space and Make the Competition Irrelevant. Boston: Harvard Business School Press, 2005.

Kiyosaki, Robert T.: Rich Dad, Poor Dad. What The Rich Teach Their Kids About Money – That The Poor and Middle Class Do Not! Scottsdale: Plata Publishing, 2011.

Kolb, Klaus/Miltner, Frank: Kreativität. Frei für neue Ideen und Lösungen. München: Gräfe und Unzer, 1998.

Kruse, Peter: next practice. Erfolgreiches Management von Instabilität. Veränderung durch Vernetzung (3. Auflage 2005). Offenbach, GABAL, 2004.

Mehta, Ravi et al.: Is Noise Always Bad? Exploring the Effects of Ambient Noise on Creative Cognition. In: Journal of Consumer Research, Vol. 39, Nr. 4, 2012, S. 784–799.

Naisbitt, John: Mind Set! Eleven Ways to Change the Way You See – and Create – the Future. New York: HarperCollins, 2006.

Naughton, Carl: Der Autopilot im Kopf. Entscheiden, Urteilen, Probleme lösen, ohne in die üblichen Denkfallen zu tappen. Offenbach: GABAL, 2012.

Nussbaum, Bruce: Creative Intelligence. Harnessing the Power to Create, Connect, and Inspire. New York: HarperCollins, 2013.

O. V.: IBM Global CEO Study. http://www-935.ibm.com/services/de/ceo/ceostudy2010/ (abgerufen am 30.08.2015)

O. V.: The state of Crowdsourcing in 2015. http://eyeka.pr.co/99215-eyeka-releases-the-state-of-crowdsourcing-in-2015-trend-report (abgerufen am 30.08.2015)

O. V.: The 12 Greatest Innovators of all time. http://startupguide.com/world/greatest-innovators/ (abgerufen am 30.08.2015)

Parness, Sidney J.: The Magic of Your Mind. Buffalo: Creative Education Foundation, Inc., 1981.

Pinker, Steven: How the Mind Works. New York: W. W. Norton, 1997.

Popova, Maria: The Art of Thought. Graham Wallas on the Four Stages of Creativity, 1926. http://www.brainpickings.org/2013/08/28/the-art-of-thought-graham-wallas-stages/ (abgerufen am 30.08.2015)

Pricken, Mario: Kribbeln im Kopf. Kreativitätstechniken & Brain-Tools für Werbung & Design. Mainz: Verlag Hermann Schmidt, 2007.

Rehn, Alf: Dangerous ideas. When Provocative Thinking Becomes Your Most Valuable Asset. London: Marshall Cavendish International, 2011.

Robbins, Anthony: Das Robbins Power Prinzip. Berlin: Ullstein, 2004.

Ruppel, Johannes/Schulz von Thun, Friedemann/Stratmann, Roswitha: Miteinander reden: Kommunikationspsychologie für Führungskräfte. Reinbek: Rowohlt Taschenbuch Verlag, 2003.

Schaefer, Jürgen: Die Kunst des Querdenkens. Wege zu neuen Ideen. Köln: DuMont Buchverlag, 2012.

Schnetzler, Nadja: Die Ideenmaschine. Methode statt Geistesblitz. Wie Ideen industriell produziert werden. Weinheim: Wiley-VCH Verlag, 2006.

Schumpeter, Josef: Theorie der wirtschaftlichen Entwicklung. Eine Untersuchung über Unternehmergewinn, Kapital, Kredit, Zins und den Konjunkturzyklus. Berlin: Duncker & Humblot, 2006.

Seiwert, Lothar: Das Bumerang-Prinzip. Mehr Zeit fürs Glück. München: Deutscher Taschenbuch Verlag, 2004.

Sloane, Paul: The Leader's Guide to Lateral Thinking Skills. Powerful Problem-solving Techniques to Ignite your Team's Potential. London: Kogan Page Limited, 2006.

Steidle, Anna/Werth, Lioba: Freedom from constraints: Darkness and dim illumination promote creativity. In: Journal of Environmental Psychology, Vol. 35, 2013, S. 67–80.

Stelzer, Christine: Reiseführer WUNDERvolles Brandenburg. Friedland: Steffen Verlag, 2012.

Sternberg, Robert J. (Hrsg.): Handbook of Creativity. Cambridge: Cambridge University Press, 1999.

Sterzenbach, Slatco: Der perfekte Tag. Die richtige Energie zum richtigen Zeitpunkt. München: Heyne, 2007.

Strasberg, Lee: Ein Traum der Leidenschaft. Die Entwicklung der „Methode". München: Schirmer/Mosel, 2000.

Surowiecki, James: The Wisdom of Crowds. New York: Anchor Books, 2004.

Wieth, Mareike B./Zacks, Rose T.: Time of day effects on problem solving. When the non-optimal is optimal. Thinking & Reasoning, 17, 2011, S. 387–401.

Winkelhofer, Georg: Kreativ managen. Ein Leitfaden für Unternehmer, Manager und Projektleiter. Berlin/Heidelberg: Springer, 2006.

Wolff, Bernhard: Mnemotechnik vor dem Hintergrund von Lerntheorien und Konzepte für die Weiterbildungspraxis. Hamburg: Diplomarbeit, 1997.

Wolff, Bernhard: Wenn Sie auf die Bühne müssen. In: Koller, Christine/Rieß, Stefan (Hrsg.): Jetzt nehme ich mein Leben in die Hand. 21 Coaching-Profis verraten ihre effektivsten Strategien. München, Kösel Verlag, 2009.

Wolff, Bernhard: Denken hilft. Frische Ideen für Gedächtnis und Kreativität. München: Heyne Verlag, 2009.

Wolff, Bernhard: Wann Einfälle sprießen. In: managerSeminare, Heft 163, Oktober 2011, S. 18–23.

Wolff, Bernhard: Innovationsklima schaffen – ideenreich tagen. In: Granig, Peter/Hartlieb, Erich (Hrsg.): Die Kunst der Innovation. Von der Idee zum Erfolg. Wiesbaden: Springer Gabler, 2012.

Von Oech, Roger: A Whack on the Side of the Head. How You Can Be More Creative. (25th Anniversary Edition). New York: Business Plus, 2008.

Yamaguchi, Jeffrey: 52 Projects. Random Acts of Everyday Creativity. New York: Perigee Trade, 2005.

Young, James Webb: A Technique for Producing Ideas. New York: The McGraw-Hill Companies, Inc., 2003.

# Wikipedia

Eintrag „Cannes Lions International Festival of Creativity". In: Wikipedia, Die freie Enzyklopädie. Bearbeitungsstand: 12. März 2015, 19:03 UTC. URL: https://de.wikipedia.org/w/index.php?title=Cannes_Lions_International_Festival_of_Creativity&oldid=139722481 (abgerufen am 30. 08.2015)

Eintrag „Marcus E. Raichle". In: Wikipedia, Die freie Enzyklopädie. Bearbeitungsstand: 29. Mai 2014, 14:41 UTC. URL: https://de.wikipedia.org/w/index.php?title=Marcus_E._Raichle&oldid=130846656 (abgerufen am 30. 08. 2015)

Eintrag „Mere-Exposure-Effekt". In: Wikipedia, Die freie Enzyklopädie. Bearbeitungsstand: 2. Mai 2015, 20:22 UTC. URL: https://de.wikipedia.org/w/index.php?title=Mere-Exposure-Effekt&oldid=141706775 (abgerufen am 30. 08.2015)

Eintrag „Phasen des kreativen Prozesses". In: Wikipedia, Die freie Enzyklopädie. Bearbeitungsstand: 3. Juli 2015, 06:33 UTC. URL: https://de.wikipedia.org/w/index.php?title=Phasen_des_kreativen_Prozesses&oldid=143693326 (abgerufen am 30. 08. 2015)

Eintrag „Torrance Tests of Creative Thinking". In: Wikipedia, The Free Encyclopedia. URL: https://en.wikipedia.org/w/index.php?title=Torrance_Tests_of_Creative_Thinking&oldid=667605217 (abgerufen am 30. August 2015)

# Webseiten

https://www.land-der-ideen.de

http://www.gruenderszene.de

http://www.fuer-gruender.de/blog/Thema/geschaeftsideen/

http://www.deutsche-startups.de

http://www.starting-up.de/geschaeftsideen.html

http://fuckupnights.com

http://hpi.de/school-of-design-thinking.html

https://de.eyeka.com/contests

http://www.jovoto.com

http://99designs.de

https://www.innovationskraftwerk.de

http://www.onebillionminds.com

http://www.innocentive.com

http://startupguide.com

http://www.boardofinnovation.com

https://www.zukunftsinstitut.de

https://coffitivity.com

https://www.dasgehirn.info

http://www.brainpickings.org

http://dertagdes.de

http://www.unric.org/de/internationale-tage-und-jahre

http://www.unesco.de/kultur/welttage.html

http://www.gaehnfrei.de

http://www.jugendwort.de

# Stichwortverzeichnis

# Über den Autor

Bernhard Wolff begeistert Menschen für neue Ideen. Als gefragter Experte für Kreativität berät er Unternehmen, hält Vorträge und moderiert Tagungen. Praxisnah motiviert er dazu, innovativer zu denken und zu handeln.

Der Autor ist Diplom-Wirtschaftspädagoge, Lehrbeauftragter an der Steinbeis-Hochschule und als Unternehmer in der Kreativwirtschaft tätig: Seine Think-Theatre GmbH in Berlin hat bereits über 400 Tagungen und Events mitgestaltet – viele davon mit Fokus auf die Themen Veränderung, Innovation und Zukunft. Bernhard Wolff ist Autor und Co-Autor zahlreicher Bücher und Fachbeiträge. Beliebt bei seinen Lesern und Zuhörern ist sein Newsletter „Kreativbrief". Bekanntheit erlangte er als Rückwärtssprecher mit Auftritten in über 50 TV-Shows.

Bernhard Wolff wurde 1966 in Lübeck geboren. Er absolvierte eine Ausbildung zum Werbekaufmann und arbeitete als Texter bei der Werbeagentur Springer & Jacoby in Hamburg. In seinem Studium der Wirtschaftspädagogik spezialisierte er sich auf Lern- und Mnemotechniken. Später war er Student bei Edward de Bono im Studiengang Master of Science in Strategic Innovation and Future Creation. Als Keynote Speaker ist Bernhard Wolff international erfolgreich und schaffte es als erster Deutscher auf das Cover des „Speaker Magazine" in den USA.

www.bernhard-wolff.de

BEGEISTERUNG LIVE

# FÜR NEUE
# IDEEN,
# WENN INNOVATION
# AUF DER AGENDA STEHT

Innovation gelingt nur, wo ein kreatives Klima spürbar ist,
wo Menschen sich gern begegnen und vernetzen, um Ideen
und Erfahrungen auszutauschen. Nutzen Sie Ihre Tagungen
und Events, um Innovationskultur erlebbar zu machen.
Bernhard Wolff unterstützt Sie dabei als Keynote Speaker,
als Moderator und mit seinen Kreativ-Workshops.

 ← Mehr Ideenbeschleuniger?
**Newsletter abonnieren!**

# www.bernhard-wolff.de